WERNER KRAWIETZ

Das positive Recht und seine Funktion

Schriften zur Rechtstheorie

Heft 9

Das positive Recht und seine Funktion

Kategoriale und methodologische Überlegungen
zu einer funktionalen Rechtstheorie

Von

Dr. Dr. Werner Krawietz

DUNCKER & HUMBLOT / BERLIN

Meiner Frau

„Es ist unzweifelhaft, daß wir das, was ist, erst ganz
verstehen, wenn wir erkennen und uns klarmachen,
wie es geworden ist. Aber wie es geworden ist, erkennen wir nur, wenn wir möglichst genau erforschen und
verstehen, wie es ist."

Johannes Gustav *Droysen*,
Vorlesungen über Enzyklopädie und Methodolo-
gie der Geschichte, 2. Aufl., 1943 § 37 S. 151.

Vorwort

Unter den Bedingungen der industriellen Gesellschaft haben sich
Staat und Gesellschaft im Gefolge zweier Weltkriege in ihren Grundlagen gewandelt. Angesichts dieses sozialen Wandels, der zugleich
das Verhältnis von Staat und Gesellschaft tiefgreifend verändert hat,
muß auch die Frage nach dem vom Staat gesetzten Recht und seiner
Funktion unter den sozialen Bedingungen der Gegenwart neu gestellt
werden.

In einer Gesellschaft, in der die Beeinflussung und Umgestaltung
der sozialen Wirklichkeit durch wissenschaftlich orientierte Praxis zu
den alltäglichen Erscheinungen gehört, ist auch der Staat zur aktiven
Sozialgestaltung mit Mitteln des Rechts übergegangen, die sich in der
Regel als Abfolge pragmatischer Interventionen und koordinierter
Lenkungsanordnungen mit begrenzter Zielsetzung darstellt. Die Rechtswissenschaft sieht sich damit vor eine Fülle von Problemen gestellt,
die sie allein kaum zu bewältigen vermag.

Dieses Unvermögen ist freilich nicht ausschließlich in dem Umstand
begründet, daß es sich um Fragestellungen fachsystematisch mehr-
deutiger Art handelt, die in interdisziplinärer Zusammenarbeit zu
lösen sind. Bedingt durch die ständig fortschreitende Verwissenschaftlichung aller Rechtspraxis und unter dem Druck der täglich anfallenden
aktuellen Rechtsfragen ist die Rechtswissenschaft auf zahlreichen
Rechtsgebieten der Versuchung erlegen, ihre Aufmerksamkeit haupt-
sächlich auf rechtsdogmatische Fragen zu richten, während sich nur
verhältnismäßig wenige Autoren der rechtstheoretischen Grundlagenforschung widmen. Angesichts dieser einseitigen Bevorzugung rechtsdogmatischer Details ist zu befürchten, daß die Vernachlässigung rechtstheoretischer Fragestellungen auf die Dauer zu einem Rückstand in
der Erforschung der Grundlagen des positiven Rechts führen könnte.
Die Rechtswissenschaft kann sich eine derartige Entwicklung nicht
leisten, ohne letztlich selbst Schaden zu nehmen. Die vorliegende

Untersuchung macht es sich deshalb zur Aufgabe, aus dem Gesichts-
winkel der Rechtstheorie die Frage nach der sozialen Funktion des
positiven Rechts in der Gegenwart aufzunehmen und damit einen —
wenn auch bescheidenen — rechtstheoretischen Beitrag zu leisten.

Die Arbeit hat der Rechts- und Staatswissenschaftlichen Fakultät
der Westfälischen Wilhelms-Universität zu Münster im Winter-Se-
mester 1965/66 als Dissertation vorgelegen. Die ersten Anregungen zu
diesem Thema verdanke ich einem rechts- und staatsphilosophischen
Seminar, das von Herrn Prof. Dr. Hans Ulrich Scupin gemeinsam
mit Herrn Prof. Dr. Hans Freyer im Sommer-Semester 1958 an der
Universität Münster veranstaltet wurde und mir die Notwendigkeit
vor Augen führte, die Ansätze einer auf die Funktion des Rechts
abstellenden Theorie in Auseinandersetzung mit der von der sozial-
wissenschaftlichen Theorie der Gegenwart begriffenen Rechtswirklichkeit zu suchen. Herr Prof. Scupin hat außerdem den Fortgang der
Arbeit durch zahlreiche weiterführende Gespräche unterstützt und
durch seinen wertvollen Rat gefördert.

Außerdem gilt mein besonderer Dank meinen verehrten Lehrern
Herrn Prof. Dr. Hans J. Wolff und Herrn Prof. Dr. Friedrich Klein.
Sie haben mich nicht nur in die rechtswissenschaftlichen Methoden
und Probleme eingeführt, sondern darüber hinaus durch ihr persön-
liches Beispiel gelehrt, den Umfang und die Grenzen rechtsdogmatischer
Fragestellungen kritisch zu betrachten. Durch das strenge Heraus-
arbeiten der durch das Recht aufgegebenen Probleme haben sie zugleich
den Blick geöffnet und geschärft für die darüber hinausweisenden
Fragestellungen, die gerade im Bereich der staatlichen Sozialgestaltung
mit Mitteln des Rechts den eher zufälligen und allzu engen, durch die
Fakultätsgrenzen gezogenen Rahmen sprengen.

Die Abhandlung ist nicht nur in ihren gedanklichen Ansätzen, sondern auch in deren Durchführung vor allem soziologischen und philosophischen Gedankengängen verpflichtet, wenn auch das Ausmaß dieser
gedanklichen Verpflichtung nicht immer auf den ersten Blick in vollem
Umfange deutlich werden mag. Wegen der durch das Thema gebotenen
notwendigen Beschränkung auf die rechtstheoretische Fragestellung
mußte jedoch eine eingehende soziologische und philosophische Grundlegung unterbleiben, nicht zuletzt auch deswegen, weil die diesen Disziplinen eigene Problematik das verfolgte Thema zu überlagern drohte.
Auf diese Grundlegung durfte der Verfasser verzichten in der Hoff-
nung, daß der kundige Leser ohnehin den von ihm eingenommenen
Standort erkennen werde. Nur dort, wo dieser Standort nicht ohne
weiteres ersichtlich war — wie z. B. bei der Erörterung der durch das
Thema aufgeworfenen werttheoretischen Problematik —, wurde die

soziologische bzw. philosophische Ausgangslage im Text kurz skizziert oder zumindest in den Anmerkungen angedeutet.

Mein aufrichtiger Dank gilt vor allem Herrn Prof. Dr. Helmut Schelsky, der in seinen soziologischen Vorlesungen und Seminaren zahlreiche Anregungen gegeben hat, welche dem hier verfolgten rechtstheoretischen Anliegen sehr förderlich gewesen sind. Prof. Schelsky hat außerdem die Dissertation als Korreferent betreut. Besonders zu danken habe ich ferner Herrn Prof. Dr. Joachim Ritter, der dem jungen Juristen den Blick für die philosophischen Probleme von Recht, Staat und Gesellschaft geöffnet hat. Zwar habe ich bei der Verfolgung des rechtstheoretischen Anliegens dieser Untersuchung mit Kategorien und Methoden gearbeitet, die den sachlichen Forderungen der durch das positive Recht gegebenen Probleme angepaßt sind und sich ganz bewußt diesseits jener letzten Fragen zu halten suchen, welche das Recht uns aufgibt. Gleichwohl bin ich mir ständig der drängenden philosophischen Problematik bewußt gewesen, die sich gerade wegen der methodisch begründeten Selbstbeschränkung auf die rechtswissenschaftliche Fragestellung um so nachdrücklicher erhebt. Ohne die vielfältigen Anregungen und Einsichten, die ich Herrn Prof. Ritter verdanke, wäre meine Arbeit nicht in dieser Form zustande gekommen.

Schließlich danke ich Herrn Ministerialrat a. D. Dr. Johannes Broermann für die bereitwillige Aufnahme dieser Abhandlung in seine Schriftenreihe.

Münster/Westf., November 1966

Werner Krawietz

Inhaltsverzeichnis

Erster Abschnitt

Die Neuorientierung der Rechtstheorie 13

§ 1 Die Gegenwartssituation 13
§ 2 Die Aufgabe der Rechtstheorie 18
§ 3 Das Erfordernis einer dynamisch-funktionalen Analyse 28

Zweiter Abschnitt

Ansätze eines dynamisch-funktionalen Denkens 39

§ 4 Der Begriff der Funktion 39
§ 5 Eigentum und Enteignung als rechtliche Funktionsbegriffe 47
§ 6 Die Staatsfunktionen und ihre Gliederung 53
§ 7 Funktionales Denken in der Rechtspraxis 58

Dritter Abschnitt

Die soziale Funktion des positiven Rechts 64

§ 8 Das Recht als vorgedachter Ablauf des Rechtsgeschehens 64
§ 9 Der funktionale Aspekt der Rechtsgeltung 70
§ 10 Die Finaldetermination des Rechtsgeschehens 76
§ 11 Teleologisches Denken als Voraussetzung finaler Lenkung 83
§ 12 Die Axiologie der Rechtsetzung 86
§ 13 Die sachgesetzliche Bedingtheit der Norminhalte 98
§ 14 Grenzen rechtstheoretischer Erkenntnis 110

Schrifttumsverzeichnis 122

Abkürzungsverzeichnis

AcP	=	Archiv für civilistische Praxis, Neue Folge, Tübingen
ARSP	=	Archiv für Rechts- und Sozialphilosophie, Neuwied/Rh. und Berlin
ARWP	=	Archiv für Rechts- und Wirtschaftsphilosophie, Berlin
ASR	=	American Sociological Review, New York
BGHZ	=	Entscheidungen des Bundesgerichtshofes in Zivilsachen, hrsg. von den Mitgliedern des Bundesgerichtshofes und der Bundesanwaltschaft, Berlin—Köln
DJZ	=	Deutsche Juristen-Zeitung, München und Berlin
DRZ	=	Deutsche Rechts-Zeitschrift, Tübingen
DÖV	=	Die Öffentliche Verwaltung, Stuttgart
HDSW	=	Handwörterbuch der Sozialwissenschaften, zugleich Neuauflage des Handwörterbuchs der Staatswissenschaften, hrsg. von Erwin von Beckerath u. a., Stuttgart—Tübingen—Göttingen 1959 ff.
IJP	=	International Journal of Psycho-Analysis, London
JNS	=	Jahrbücher für Nationalökonomie und Statistik, Jena
JR	=	Juristische Rundschau, Berlin
JSW	=	Jahrbuch für Sozialwissenschaft, Göttingen
JZ	=	Juristenzeitung, Tübingen
KZS	=	Kölner Zeitschrift für Soziologie, ab 1954: Kölner Zeitschrift für Soziologie und Sozialpsychologie, Köln
Me	=	Merkur, Deutsche Zeitschrift für Europäisches Denken, Stuttgart
NJW	=	Neue Juristische Wochenschrift, München und Berlin
ÖHZ	=	Österreichische Hochschulzeitung, Wien
ÖZÖR	=	Österreichische Zeitschrift für Öffentliches Recht, Neue Folge, Wien
RuS	=	Recht und Staat in Geschichte und Gegenwart, Tübingen
SchJ	=	Schmollers Jahrbuch, Berlin
SchweizZVS	=	Schweizerische Zeitschrift für Volkswirtschaft und Statistik, Bern
SEJ	=	Southern Economic Journal, Chapel Hill, N. C.
StG	=	Studium Generale, Zeitschrift für die Einheit der Wissenschaften im Zusammenhang ihrer Begriffsbildungen und Forschungsmethoden, Berlin—Göttingen—Heidelberg
SVS	=	Schriften des Vereins für Socialpolitik, Gesellschaft für Wirtschafts- und Sozialwissenschaften, Neue Folge, Berlin
Th	=	Theoria, Lund
Us	=	Universitas, Zeitschrift für Wissenschaft, Kunst und Literatur, Stuttgart
VVDStL	=	Veröffentlichungen der Vereinigung der Deutschen Staatsrechtslehrer, Berlin
ZgStW	=	Zeitschrift für die gesamte Staatswissenschaft, Tübingen
ZSR	=	Zeitschrift für Schweizerisches Recht, Basel

Die Neuorientierung der Rechtstheorie

§ 1 Die Gegenwartssituation

Das Dasein des Menschen steht in der Gegenwart unter den Bedingungen der industriellen Gesellschaft, deren spezifische Struktur sich seit der Wende zum zwanzigsten Jahrhundert in den entwickelteren Industrieländern im Gefolge zweier Weltkriege entfaltet hat[1]. In dieser Industriegesellschaft hat das positive Recht — neben anderen Faktoren — die Aufgabe, den praktischen Bedürfnissen des Lebens zu dienen[2]. Der Anteil des Rechts an den zu bewältigenden Ordnungsaufgaben wird deutlich, wenn man sich seine Leistung als ausgeschaltet vorstellt[3].

Für die Rechtstheorie ist damit das Verhältnis zwischen dem positiven Recht und der sozialen Wirklichkeit in den Vordergrund der Betrachtung gerückt. Zutreffend betont *Dabin* „la liaison essentielle qui unit les deux notions de droit et de société". Das positive Recht ist immer zugleich auch „règle sociétaire"[4]. Es stellt Verhaltensmuster auf, an denen sich menschliches Verhalten in der sozialen Wirklichkeit orientieren soll. Gegenstand der Rechtstheorie[5] ist jedoch nicht das rechtlich relevante, an positiven Verhaltensmustern orientierte tatsächliche Verhalten. Rechtstheorie ist nicht auf die Erforschung von Tatsachen, sondern auf die Erforschung von Rechtsnormen gerichtet. Als Ver-

---

[1] Vgl. dazu: *Forsthoff*, Ernst, Strukturwandlungen der modernen Demokratie, 1964, S. 8 ff.; *Freyer*, Hans, Gesellschaft und Kultur, in: Propyläen-Weltgeschichte, 10. Bd., 1961, S. 501—91; ds., Die Probleme der Gesellschaftsordnung, in: Die Struktur der europäischen Wirklichkeit, 1960, S. 81—101; ds., Das industrielle Zeitalter und die Kulturkritik, in: Wo stehen wir heute?, 1960, S. 197—206; *Jaspers*, Karl, Wo stehen wir heute?, Us 1960, S. 473—86. — Bezüglich der den Wandel bewirkenden Faktoren im demokratisch verfaßten Staat vgl. *Scupin*, Hans Ulrich, Über den Wandel der Wesensbestimmung der Demokratie in Deutschland während des letzten Jahrhunderts, in: Festschrift für Herbert Kraus, 1964, S. 313—30, bes. 313 f.

[2] *Forsthoff*, Ernst, Der Jurist in der industriellen Gesellschaft, NJW 1960, S. 1273—77, 1273.

[3] Dazu: *Horváth*, Barna, Recht und Wirtschaft, ÖZÖR 1951, S. 357.

[4] *Dabin*, Jean, Théorie Générale du Droit, 2me ed., 1953, S. 5.

[5] Hierzu: *Bierling*, Ernst Rudolf, Juristische Prinzipienlehre, 5. Bd., 1917, S. 4 ff.; *Somló*, Felix, Juristische Grundlehre, 1917, S. 8 ff.; *Baumgarten*, Arthur, Die Wissenschaft vom Recht und ihre Methode, 1. Bd., 1920, S. 9 ff.; *Stammler*, Rudolf, Theorie der Rechtswissenschaft, 2. Aufl. 1923, S. 14 ff.; *Burckhardt*,

haltensmuster stellen die Rechtsnormen die Sinngehalte empirischer, von den Menschen in der sozialen Wirklichkeit gesetzter Akte dar. In diesen Sinngehalten hat die Rechtstheorie nicht Tatsachen, sondern Normen für soziales Verhalten zum Gegenstand.

Betrachtet man das positive Recht in seinen jeweiligen Erscheinungsformen und seiner Geschichte in den unterschiedlichen sozialen Räumen einzelner Staaten, so erweist es sich — jedenfalls in der für uns überschaubaren geschichtlichen Zeit — als mächtiger Integrationsfaktor des gesellschaftlichen Lebens[6]. Recht und soziale Wirklichkeit sind wechselseitig aufeinander bezogen[7].

Der Umstand, daß das positive Recht in einem bestimmten sozialen Raum zu einer bestimmten Zeit jeweils in spezifischen Gesamtanschauungen von der sozialen, geschichtlichen Welt wurzelt, ist heute eine durchaus gesicherte Einsicht. Auch ein vorwiegend dogmatisches Rechtsdenken und seine Objektivationen werden maßgeblich durch diese Gesamtanschauungen bestimmt. Mit Recht weist *Viehweg* darauf hin, daß der „soziale, historische und geistige Raum, aus dem sich jeweils eine Rechtsdogmatik abhebt", heute als so kompliziert durchschaut ist, daß die Dogmatik „nicht mehr ohne eine genügend breit und tief angelegte Forschung wissenschaftlich beraten werden kann"[8]. Hier ist es Aufgabe der dem positiven Recht zugewandten Rechtstheorie (Allgemeinen Rechtslehre), das jeweils vorhandene positivrechtliche Material gedanklich zu durchdringen und eine Rechtsformen- und Rechtsinhaltslehre zu erarbeiten, welche der jeweiligen Rechtswirklichkeit entspricht[9]. Diese Rechtstheorie ist rechtswissenschaftliche Theorie im engeren Sinne. Als diese betrachtet und analysiert sie die gesetzten

---

Walther, Methode und System des Rechts, 1936, S. 13 ff.; *Cairns*, Huntington, The Theory of Legal Science, 1941, S. 79 f. — Die heutige rechtswissenschaftliche Grundlagenforschung, die unabhängig von der traditionellen Rechtsphilosophie betrieben wird, bringt diese Unabhängigkeit bereits in ihrer Bezeichnung als Rechtstheorie zum Ausdruck. Vgl. z. B. *Carnelutti*, Francesco, Teoria generale del diritto, 1951; *Cossio*, Carlos, La Teoria egológica del derecho y el concepto juridico de libertad, 1944; *Haesaert*, Jean, Théorie générale du droit, 1948; *Kelsen*, Hans, General Theory of Law and State, 1945; *Levi*, Alessandro, Teoria generale del diritto, 1950; *Roubier*, Paul, Théorie générale du droit, histoires des doctrines juridiques et philosophie des valeurs sociales, 1946.

[6] Vgl. *Seagle*, William, Weltgeschichte des Rechts, 2. Aufl., 1958, passim.

[7] Funke, G., Grundlagenforschung, Weltanschauung, Gesetzgebung, StG 1963, S. 16—35, 18 bemerkt zutreffend, „daß im gelebten Gesellschaftszusammenhang die Rechtssysteme auf bestimmten Sozialsystemen aufruhen und mit ihnen in Verbindung stehen".

[8] *Viehweg*, Theodor, Zur Geisteswissenschaftlichkeit der Rechtsdisziplin, StG 1958, S. 334—40, 339; vgl. auch: *Thul*, Ewald J., Die Denkform der Rechtsdogmatik, ARSP XLVI (1960), S. 241—60.

[9] *Nawiasky*, Hans, Allgemeine Rechtslehre als System der rechtlichen Grundbegriffe, 2. Aufl., 1948, S. 2 ff.

Normen „einer Mehrzahl konkreter Rechtsordnungen", um ein „System der rechtlichen Grundbegriffe" zu schaffen. Als rechtswissenschaftliche Theorie steht sie zwischen der Rechtsphilosophie und der Rechtsdogmatik[10]. Damit gewinnt sie zugleich einen durchaus pragmatischen — nicht pragmatistischen — Zug[11]. Insofern Rechtstheorie auf die existentielle und normative Situation des menschlichen Daseins gerichtet ist, bedient sie sich bei der gedanklichen Durchdringung der aus pragmatischen Zusammenhängen auftauchenden Rechtsprobleme einer pragmatischen Hermeneutik, die dem rechtlichen Verhalten die Orientierung in der gesellschaftlichen Ordnung sichert.

Angesichts des tiefgreifenden Wandels im Sozialgefüge, der vor allem durch die neuzeitliche Wissenschaft und ihre technische Anwendung ausgelöst und gefördert wird[12], darf angenommen werden, daß auch das Recht als eine Kulturerscheinung unter vielen anderen nicht unberührt geblieben ist. Die Anzeichen hierfür sind vielfältig.

Ein derartiger Wandel im positiven Recht der Gegenwart muß auch Folgen für die zugehörige Rechtstheorie haben. Zwar kann dieser Wandel für eine gewisse Zeit verborgen bleiben oder ignoriert werden, vor allem angesichts der hochabstrakten Gesetzessprache, die von den tatsächlichen Gegebenheiten in der sozialen Wirklichkeit weitgehend absieht[13]. Die Disparität zwischen einer gegebenen, in ständiger Entwicklung begriffenen Rechtswirklichkeit und der zugehörigen Rechtstheorie wird sich jedoch mit wachsendem zeitlichen Abstand immer störender bemerkbar machen. Dabei können allzu starre, überkommene Lehrmeinungen einem wirklichkeitsnahen Rechtsverständnis als Hindernis entgegenstehen. Gestern noch gern akzeptierte radikale Doktrinen erweisen sich dann als reaktionäre Dogmen von heute.

Es hat den Anschein, daß die tradierte Rechtstheorie die Bezogenheit des positiven Rechts auf die soziale Wirklichkeit bislang stark vernachlässigt hat. Ihr statisches Verharren in den überlieferten Denkschemata und Begriffen steht in Gegensatz zu ihrem Anspruch, eine allgemeine Rechtslehre zu sein, d. h. das allen Rechtsordnungen Gemeinsame auszusagen. Das gilt auch dann, wenn man ihren Anspruch im Sinne relativer Allgemeinheit[14] versteht, die sich nur auf die Mehrzahl konkreter Rechtsordnungen des abendländischen Kulturkreises beschränkt.

---

[10] *Nawiasky*, S. 4.
[11] Vgl. *Dabin*, S. 6: „... la théorie du droit est utile ... à tous ceux qui ... pratiquent le droit, n'est rien d'autre que l'étude raisonnée de cette pratique."
[12] Dazu: *Dampier*, William Cecil, Kurze Geschichte der Wissenschaft in ihren Beziehungen zur Philosophie und Religion, 1946, bes. S. 144 ff.
[13] Vgl. *Wolff*, Karl, Die Gesetzessprache, 1952, S. 103: Gesetzesbegriffe sind „nur unvollkommene Versuche, eine nicht genau begrenzte und begrenzbare Menge von Erscheinungen zu umfassen".
[14] *Nawiasky*, S. 3.

Die Rechtstheorie geht ihrer Allgemeinheit gerade in dem Zeitpunkt verlustig, in dem zahlreiche Völker, die bislang „im Gehäuse einer alten, vorindustriellen Hochkultur oder in urtümlichen Zuständen gelebt haben", in gerafftem Tempo, unter Überspringen der Zwischenstationen das ausgereifte und daher übertragbar gewordene industrielle System rezipieren[15]. Sie begibt sich damit der Chance, bei der sekundären Übernahme der zugehörigen Industriekultur und der in ihr ausgebildeten Ordnungsform das Ihrige beizutragen.

Das Rechtsdenken der Gegenwart muß sich — jedenfalls soweit es sich um das positive, auf die Praxis bezogene Recht handelt — stärker an der Faktizität der modernen industriellen Gesellschaft orientieren und ihre Gesetzlichkeiten weit mehr in Rechnung stellen als es bislang geschehen ist. Das gilt auch und vor allem für die Theorie des Rechts, wenn sie nicht der Isolation gegenüber der Wirklichkeit verfallen will.

Bislang hat die tradierte Rechtstheorie von dem gesellschaftlichen Strukturwandel, der sich von ihrem Standpunkt aus lediglich in der Tatsachenebene vollzieht, noch gar nicht in dem erforderlichen Maße Kenntnis genommen. Die Auffassung, der formale Charakter der Theorie des Rechts befreie sie von diesem Erfordernis, verkennt, daß es sich beim Recht um notwendigerweise auf Inhalte hin sich konkretisierende Formen handelt. Wenn auch das Formale von dem Materialen, dem Inhaltlichen, gedanklich abgelöst werden kann, so kommt die Rechtstheorie doch nicht um die Tatsache herum, daß alle Produkte des Rechtsdenkens, d. h. seine Objektivationen, praktischen Zwecken dienen. Sie konzediert daher immerhin, daß etwa zum Charakter der Rechtsnorm „das Abzielen auf eine ganz bestimmte Verhaltensweise" gehöre, so daß sich „das Zweckmoment nicht einfach kurzerhand eliminieren" lasse[16]. Man glaubt, die Seufzer des Bedauerns über diesen betrüblichen Umstand zu hören. Dieses „Mißtrauen der allgemeinen Rechtslehre gegen den ‚Zweck im Recht' " verführt sie dazu, den „Schwerpunkt für die theoretische Auswertung der vom Recht verfolgten Zwecke in der Rechtsdogmatik", also in der speziellen Rechtslehre, zu erblicken und ihn nur im Rahmen dieser Rechtsinhaltslehre zu berücksichtigen, sofern er „in die Substanz der Rechtsnormen Eingang gefunden" hat. Damit hat die Rechtstheorie zugunsten der Rechtsdogmatik abgedankt. Es muß als schwerwiegender Nachteil angesehen werden, daß die Rechtstheorie den finalen Charakter allen positiven Rechts derart vernachlässigt.

---

[15] *Freyer*, Probleme, S. 100.
[16] Dazu und zum folgenden: *Nawiasky*, S. 5 f.

Die Abneigung der tradierten Rechtstheorie gegenüber dem Zweck
im Recht, die vornehmlich auf der Identifikation der Zwecke mit den
einseitigen Interessen[17] einzelner bzw. mit denen von Gruppen beruht (Zweck im subjektiven Sinne), will nicht recht einleuchten, sofern
man auf objektiv bestimmbare, allgemein vertretbare Zwecke abstellt.
Die Eigenständigkeit des Rechts als eines in sich Werthaften ist durch
dieses Rechtsverständnis nicht gefährdet, weil die Zweckverfolgung mit
Mitteln des Rechts Wertentscheidungen zugunsten spezifischer Zwecke
voraussetzt und durch diese Entscheidungen bestimmt wird. Die Auffassung der tradierten Rechtstheorie steht außerdem in Widerspruch
zu einem unbefangenen Verständnis des Rechts der Gegenwart, das
von dem gegebenen Rechtsstoff (Gesetzen, Verordnungen usf.) ausgeht. Die moderne industrielle Gesellschaft ist weit davon entfernt,
dem positiven Recht eine Heiligkeit und Würde anzuempfinden, die
es in der Regel gar nicht hat, weil — um mit *Rousseau* zu sprechen —
„nur das hohe Alter der Gesetze diese heilig und verehrenswert
macht"[18]. Das Recht ist heute mehr denn je Mittel bewußter Sozialgestaltung und gewinnt damit instrumentalen Charakter. Dem unbefangenen Verständnis erscheint das positive Recht insoweit als ein
Ordnungsmittel — neben anderen! —, das nicht zuletzt danach beurteilt
wird, was es für die zwischenmenschlichen Beziehungen zu leisten vermag.

Die Zweckbezogenheit des positiven Rechts ist nicht etwas Neben-
sächliches, dessen sich die Rechtstheorie nicht anzunehmen brauchte.
Das wird deutlich, wenn man an das Ausmaß staatlicher Interventionen im Bereich der Wirtschaft denkt, die regelmäßig in Gesetzes-
form erfolgen und zum Normaltatbestand des modernen Wirtschaftslebens gehören. Bei diesen gesetzlichen Lenkungsanordnungen handelt
es sich typischerweise um gezielte Aktionen, um punktuelle Einflußnahmen zur Verwirklichung praktischer Sonderziele, die dazu dienen,
die soziale Marktwirtschaft in gewisser Weise zu steuern[19]. Die in dem
Bezug auf praktische Zwecke hervortretende finale (teleologische) Qualität des positiven Rechts ist bislang zu wenig auf ihre theoretischen
Konsequenzen hin durchdacht worden. Eine Theorie, die diesen Befund

---

[17] Die sogen. Interessenjurisprudenz, welche das Zivilrechtsdenken be-
herrscht, vermeidet diese Identifikation. Sie ist jedoch aus anderen, noch
darzulegenden Gründen rechtstheoretisch wenig befriedigend. Vgl. dazu
unten § 2.

[18] Vgl. das Zitat bei *Ritzel*, Wolfgang, Jean-Jaques Rousseau, 1959, S. 82.

[19] Dazu statt anderer: *Scheuner*, Ulrich, Die staatliche Intervention im
Bereich der Wirtschaft, VVDStL Heft 11 (1952), S. 1—74, passim.

nicht gedanklich und begrifflich durchdringt, kann nicht für sich beanspruchen, eine allgemeine Rechtslehre darzustellen. Sie kann allenfalls als eine ergänzungsbedürftige Teiltheorie gelten, solange sie sich einem so bedeutsamen Rechtsphänomen gegenüber verschließt.

In dieser unangebrachten Enthaltsamkeit hinsichtlich der praktischen Bezogenheit allen positiven Rechts auf die Rechtswirklichkeit ist auch die mangelnde Dynamik der Rechtstheorie begründet, die in vorwiegend statisch gedachten Rechtsbegriffen und Denkweisen verharrt und sich damit weitgehend als unfähig erweist, aus dem Strukturwandel in der sozialen Wirklichkeit die entsprechenden Folgerungen für eine an der Wirklichkeit orientierte Theorie des Rechts zu ziehen und damit zur begrifflichen Bewältigung einer veränderten und sich weiterhin verändernden Rechtswirklichkeit beizutragen. In der Beschränkung auf eine im wesentlichen statische Betrachtungsweise ist die Theorie des Rechts einseitig und muß daher ergänzungsbedürftig bleiben.

§ 2 Die Aufgabe der Rechtstheorie

Die Forderung nach einer Neuorientierung der allgemeinen Rechtstheorie mag — zumindest im Hinblick auf die Theorie des Zivilrechts — übertrieben erscheinen, wenn man bedenkt, daß die das Zivilrechtsdenken beherrschende Interessenjurisprudenz die Analyse der den Normen zugrunde liegenden Interessenkonflikte zu ihrer Aufgabe macht. Betrachtet man die Rechtsnormen als Ergebnis von Interessenkonflikten, so muß es in der Tat Aufgabe der Rechtswissenschaft sein, die „hinter dem Gesetzestext liegende Interessenabwägung, die ratio legis, den Zweck der Einzelnorm zu erkennen"[1]. Zutreffend hat *Coing* dargelegt, daß die Rechtswissenschaft bis zum 19. Jahrhundert „im wesentlichen mit philologisch-logischen Mitteln" gearbeitet, den Gedanken der ratio legis „nur mit Vorsicht" angewandt und eine „von den jeweiligen Zwecksetzungen weitgehend abstrahierende" Auslegung vorgezogen habe. Demgegenüber habe sich seit dem 19. Jahrhundert die Erkenntnis der „Zwecksetzung vieler Normen" in steigendem Maße als „Mittel zum Verständnis des Rechts selbst" erwiesen.

Aus der Einsicht in den „Zweck der Einzelnorm" sind jedoch — bedingt durch den Gegenstand und die Aufgaben der Interessenjurisprudenz — bislang nicht die notwendigen rechtstheoretischen Folgerungen gezogen worden. Für die Interessenjurisprudenz war und ist die

---

[1] Dazu und zum folgenden: *Coing*, Helmut, Wirtschaftswissenschaften und Rechtswissenschaften, SVS Bd. 33 (1964), S. 1—7, 5 f.

Erforschung von Interessenlagen und Interessenkonflikten kein rechtstheoretisches Problem. Vom Standpunkt der Interessenjurisprudenz kommt der Rechtswissenschaft in erster Linie die Aufgabe zu, die Fallentscheidung vorzubereiten. In der Tat hat *Heck* wiederholt das „Problem der Rechtsgewinnung durch Richterspruch" als den Mittelpunkt seiner Methodenlehre bezeichnet[2]. Mit Recht hat demgegenüber *Mestmäcker* neuerdings darauf hingewiesen, daß eine derartige „im Bereich der für erheblich gehaltenen Tatsachen liegende Begrenzung" dazu führt, „mögliche gesamtwirtschaftliche Wirkungen privatrechtlicher Normen aus der Betrachtung auszuscheiden"[3]. Er hat deshalb im Hinblick auf die von ihm behandelten aktienrechtlichen Probleme gefordert, die Vorschriften des Aktienrechts aus ihrer „Funktion heraus" zu verstehen[4] und die „Wirkung der Norm" zu berücksichtigen[5]. In Anknüpfung an die aktienrechtlichen Überlegungen Mestmäckers hat *Jahr* auf die Notwendigkeit hingewiesen, „die Funktion der Figuren des Vermögensrechts" zu analysieren[6], und hat die Forderung nach einem „funktionalen Denken" erhoben, das „nach der sozialen Aufgabe der rechtlichen Strukturen" fragt und das Recht „als wirkende Struktur" begreift[7].

Die angeführten Äußerungen zeigen, daß auch im gegenwärtigen Zivilrechtsdenken die Funktion des positiven Rechts zum Problem geworden ist, jedoch — abgesehen von diesen ersten Ansätzen im rechtsdogmatischen Bereich — eine rechtstheoretische Durchdringung noch fehlt[8]. Dieses Fehlen wirkt sich nicht nur für das Zivilrecht nachteilig aus, sondern betrifft das positive Recht schlechthin. Deshalb mußte *Zacher* auf der dritten Arbeitstagung der Gesellschaft für Wirtschafts- und Sozialwissenschaften, die im Herbst 1963 in Würzburg Rechts-, Wirtschafts- und Sozialwissenschaftler zu gemeinsamen Beratungen ver-

---

[2] Vgl. *Heck*, Philipp, Begriffsbildung und Interessenjurisprudenz, 1932, S. 2; ds., Das Problem der Rechtsgewinnung, 2. Aufl., 1932, S. 3.

[3] *Mestmäcker*, Ernst-Joachim, Das Verhältnis der Wirtschaftswissenschaft zur Rechtswissenschaft im Aktienrecht, SVS Bd. 33 (1964), S. 103—119, 104: „Dabei wird die Frage nach den die Normen verursachenden und sie erklärenden Interessen stets in der Begrenzung auf die konkret vorgestellten Parteien eines Rechtsverhältnisses und der zwischen ihnen entstehenden Konflikte gesehen."

[4] *Mestmäcker*, S. 111.

[5] *Mestmäcker*, S. 109.

[6] *Jahr*, Günther, Funktionsanalyse von Rechtsfiguren als Grundlage einer Begegnung von Rechtswissenschaft und Wirtschaftswissenschaft, SVS Bd. 33 (1964), S. 14—26, 17.

[7] *Jahr*, S. 16: „Funktionales Denken ist Voraussetzung und Grundlage wissenschaftlicher Dogmatik des geltenden Rechts."

[8] Bezeichnenderweise sieht *Jahr*, S. 16 ein „funktionales Denken" als unentbehrlich an „für die bitter notwendig gewordene Entfaltung einer echten Zivilrechtstheorie".

einte, „mit etwas schlechtem Gewissen gestehen", daß „eine eigentliche
Funktionslehre des Rechtes" nicht besteht und lediglich ein Teil dieser
Aufgabe „von der Rechtsdogmatik wahrgenommen" wird[9].

Noch notwendiger erscheint eine den funktionalen Aspekt des positiven Rechts berücksichtigende Rechtstheorie, wenn man bedenkt, daß
die modernen Gesetzgeber — gestützt auf wissenschaftlich erarbeitete
Einsichten — in ständig steigendem Maße dazu übergehen, auch bislang noch nicht realisierte Vorstellungen von der sozialen Wirklichkeit mit Mitteln des Rechts in die Realität umzusetzen, die als Möglichkeit allererst durch eine wissenschaftliche, auf konkrete Zwecke begrenzte, ausschließlich sachorientierte Forschung erkannt worden sind
und deren Realisierung gleichfalls vorwiegend auf Grund wissenschaftlich gesicherter Einsichten gewährleistet wird. Es wäre jedoch
verfehlt, die rechtstheoretischen Überlegungen auf die bloße Funktion
des positiven Rechts zu reduzieren. Die durch wissenschaftliche Forschung ermittelten Gestaltungsmöglichkeiten legen dem Menschen zugleich eine erhöhte Verantwortlichkeit auf, denn daß er etwas tun
kann, heißt selbstverständlich noch lange nicht, daß er es auch tun
darf oder tun soll. So gilt es, angesichts erhöhter Gestaltungsmöglichkeiten die nach wie vor gültigen, in der Rechtsordnung bereits ver-
ankerten Wertansprüche auch unter veränderten sozialen Bedingungen
in einer Form zur Geltung zu bringen, die diesen Bedingungen ange-
messen ist. Diese Angemessenheit erscheint aber nur dann gesichert,
wenn der funktionale Aspekt allen positiven Rechts durch eine ihm
entsprechende Betrachtungsweise eindeutig bewußt gemacht und in
die Rechtstheorie integriert wird. Das ist bislang in dem erforderlichen
Maße nicht geschehen.

Die Einbeziehung des funktionalen Aspekts allen positiven Rechts
in den Bereich rechtstheoretischer Erwägungen mag den Anschein
erwecken, hier werde eine außerrechtliche Voraussetzung zum Gegenstand einer rechtstheoretischen Fragestellung gemacht. Hinter dieser
Erweiterung der rechtstheoretischen Analyse auf den Bezug des Rechts
zur sozialen Wirklichkeit steht jedoch nicht etwa eine überholte Auto-
nomieauffassung der Rechtswissenschaft, die eine unzulässige Grenz-
überschreitung der rechtswissenschaftlichen Betrachtung als eigene
Aufgabe ausgibt und damit ein willkürliches Vorgehen deckt. Ebenso-
wenig ist die zu erwartende Antwort eine metajuristische. Als rechtswissenschaftliche Grundlagenforschung ist die Rechtstheorie, welche
heute unabhängig von der traditionellen Rechtsphilosophie als eigen-

---

[9] Vgl. *Raiser*, Ludwig, Bericht über die mündlichen Verhandlungen zum
Thema: Das Verhältnis der Wirtschaftswissenschaft zur Rechtswissenschaft,
SVS Bd. 33 (1964), S. 189—235, 232.

ständige Disziplin betrieben wird, weit davon entfernt, einen Anspruch auf absolute Autonomie zu erheben, und versteht — wie die Rechtswissenschaft überhaupt — ihre Autonomie nur als eine relative. Dieses Autonomieverständnis rechtfertigt es, das positive Recht nicht nur als Ergebnis von Wertungen und Maßstab für künftige Wertungen zu betrachten, die in die Form des Rechts gekleidet worden sind, sondern zugleich auch als ein auf bestimmte Zwecke hin konzipiertes Ordnungs- und Gestaltungsmittel. Aufgabe einer auf die soziale Funktion des positiven Rechts gerichteten Theorie ist es, das Spannungsverhältnis zwischen dem positiven Recht und der von ihm reglementierten sozialen Wirklichkeit gedanklich zu überbrücken, indem sie den rechtstheoretisch zu sehr vernachlässigten Bezug auf die Wirklichkeit hervorhebt und die Bezogenheit aller Bauelemente des positiven Rechts auf die von ihm zu leistende Funktion zum Ausgangspunkt ihrer Erwägungen macht. Der für sich inhaltslose, zum formalen begrifflichen Rüstzeug der Finalität gehörige Begriff der Funktion erscheint besonders geeignet, diese dynamische Seite des positiven Rechts darzustellen und zu verdeutlichen.

Erblickt man die unter den Bedingungen der Gegenwart bestehende Funktion des positiven Rechts darin, als Mittel bestimmte, genau umgrenzte Zwecke zu bewirken und innerhalb eines bestimmten Aktionszusammenhangs eine im Vorhinein disponierte Leistung zu erbringen, so wird deutlich, daß die Rechtstheorie ihre Aufgabe, diesen funktionalen Aspekt des positiven Rechts gedanklich zu durchdringen, nicht allein zu lösen vermag. Eine Rechtstheorie, welche das nach rationalen Regeln kalkulierbare Funktionieren des positiven Rechts zu ihrem Gegenstand macht, ist auf die Zusammenarbeit mit zahlreichen anderen Disziplinen, insbesondere der Soziologie, Sozialpsychologie, der Politikwissenschaft, Wirtschaftswissenschaft usf., angewiesen. Sie wird ihrem Gegenstand nur dann gerecht, wenn sie die von den anderen Disziplinen erarbeiteten Ergebnisse, ihre Einsichten in Sachgesetzlichkeiten usf., berücksichtigt und die von ihnen bereits geleistete exakte Feststellung der Tatsachen zur Grundlage ihrer spezifisch rechtstheoretischen Fragestellungen macht. Indem die Rechtstheorie das positive Recht nicht nur auf seine Form und seinen Inhalt, sondern auch auf seine Funktion hin analysiert, greift sie nicht unzulässig in den Bereich der anderen Wissenschaften ein, mit denen sie zusammenarbeitet. Daß das positive Recht eine Funktion hat, bedeutet rechtstheoretisch lediglich den Aufweis der von normativen Voraussetzungen bestimmten Wirkungsmöglichkeit des positiven Rechts. Gleichwohl ist mit Vorbehalten gerade aus den Reihen der Rechtswissenschaft zu rechnen.

Manchem Vertreter der Rechtswissenschaft mag der Versuch, im Ausgang von den sozialen Tatsachen eine Theorie des Rechts zu entwickeln, als verdächtig erscheinen. Nicht selten ist eine Beschränkung der Betrachtung auf das Recht als Seiendes neben anderen Kulturerscheinungen als Soziologismus, als Verabsolutierung eines Teilgesichtspunktes, verdächtigt, die zugehörige Denkhaltung als Absinken der rechtswissenschaftlichen Betrachtung in einen flachen Pragmatismus angeprangert worden[10]. Gerade von seiten der Rechtswissenschaft ist gegenüber derartigen Versuchen häufig der Einwand zu hören, aus dem Seienden könnten niemals Sollensregeln hergeleitet werden, desgleichen nicht Aussagen darüber, ob bestehendes Recht auch richtiges Recht sei. Soweit dieses — im Ergebnis zutreffende[11] — Vorbringen an die Adresse der Soziologie, insbesondere der Rechtssoziologie, gerichtet ist, wendet es sich gegen den falschen Adressaten, da die moderne Soziologie weit davon entfernt ist, aus Sachgesetzlichkeiten Normen richtigen menschlichen Verhaltens abzuleiten. Die Soziologie ist eine „vielverzweigte Funktionswissenschaft ... auf empirisch-rationaler Grundlage"[12], der es darum geht, „die einzelnen Sachgebiete des sozialen Lebens in möglichst hoher empirischer Exaktheit einer Analyse ihrer eigentümlichen Sachgesetzlichkeiten" zu unterwerfen. Indem sie alle „Denkweisen, die nicht spezifisch soziologisch sind"[13], ausklammert, ist sie „nichts als Soziologie", die sich in freiwillig auferlegter methodischer und gegenständlicher Beschränkung „die wissenschaftlich-systematische Behandlung der allgemeinen Ordnungen des Gesellschaftslebens, ihrer Bewegungs- und Entwicklungsgesetze, ihrer Beziehungen zur natürlichen Umwelt, zur Kultur im allgemeinen und zu den Einzelgebieten des Lebens und schließlich zur sozial-kulturellen Person des Menschen" zur Aufgabe macht. Die Kritik aus den Reihen der Rechts-

---

[10] Kennzeichnend für diese Fehleinschätzung ist die Auffassung von *Ballerstedt*, Kurt. Über wirtschaftliche Maßnahmegesetze, 1957, S. 377, der im Hinblick auf die Betonung der Zweckhaftigkeit des Rechts in der Rechtswissenschaft der Gegenwart auf Rudolf *von Ihering*, Der Zweck im Recht, Bd. I, 2. Aufl., 1883 hinweist und bemerkt, auf das deutsche Rechtsdenken habe „Ihering wie wohl kaum ein anderer bestimmend und verflachend eingewirkt".

[11] Dazu: *Olivecrona*, Karl, Realism and Idealism: Some Reflections on the Cardinal Point in Legal Philosophy, repr. from: New York University Law Review, XXVI/1January, 1951, S. 120: „... no ought can be discovered by an investigation of facts ...". Olivecrona bemerkt auf S. 131: "What actually exists is our ideas of the ought, the sentences expressing them, and the emotions connected with them." — Vgl. hierzu ferner: *Olivecrona*, Karl, Is a Sociological Explanation of Law Possible?, Th Bd. 15 (1948), S. 182 ff.; *Topitsch*, Ernst, Restauration des Naturrechts? Sachgehalte und Normsetzungen in der Rechtstheorie, in: Sozialphilosophie zwischen Ideologie und Wissenschaft, 1961, S. 53—70, 65.

[12] *Schelsky*, Helmut, Ortsbestimmung der deutschen Soziologie, 1959, S. 119.

[13] *König*, René, Einleitung, in: Soziologie, 1958, S. 7 ff., 12.

wissenschaft verkennt außerdem, daß die Frage nach dem Maßstab richtigen Rechts, nach dem Geltungsgrund positiven Rechts, auch gar nicht zur Rechtswissenschaft (im engeren Sinne) gehört, da sie als letztlich metaphysische eine philosophische Denkhaltung gegenüber dem positiven Recht impliziert[14].

Das Verhältnis zwischen der Rechtstheorie und der Rechtssoziologie ist nicht ein antagonistisches, sondern ein kooperatives. Die Einsicht in die Notwendigkeit einer derartigen Zusammenarbeit gewinnt in der Gegenwart ständig an Raum, wenn auch noch beträchtliche Widerstände und Vorurteile vorhanden sind. Als besonders hinderlich muß auf rechtswissenschaftlicher Seite die mangelnde Informiertheit über die Eigenart der modernen Soziologie angesehen werden. So ist es nicht verwunderlich, daß vielfach „antiquierte Tatsachenvorstellungen und -deutungen des Sozialen" zu einer „Realitätsverschätzung" führen[15]. Die Komplexität unserer modernen Welt wird in unmittelbarer Erfahrung nicht mehr ausreichend erlebt. Sollensurteile[16] über konkrete Lebensausschnitte — wie sie der Gesetzgeber, der Richter, der Beamte ständig zu fällen haben — können in dem „Dilemma eines immer umfassender angesonnenen Gestaltungs- und Aufgabendrucks einerseits und einer schwindenden Realitätsgewißheit andererseits"[17] nur dann im Sinne der Gerechtigkeit und des Gemeinwohls getroffen werden, wenn es gelingt, das Realitäts- und Sollensbewußtsein zur Deckung zu bringen, d. h. wenn der „Streit zwischen den Realitäts- und den Sollensaspekten unserer Welt" als „Kooperation der Wissenschaften" ausgetragen wird. Da die moderne Soziologie sich auf die Tatsachenseite des Lebens beschränkt, steht es der an normativen Vorstellungen orien-

---

[14] Die philosophische Problematik kann in dem hier abgesteckten rechtstheoretischen Rahmen nicht aufgenommen werden. Es sei jedoch darauf hingewiesen, daß auch ein antimetaphysischer Positivismus letztlich metaphysisch ist. In seiner einseitigen Beantwortung des metaphysischen Problems der Begrenzung und Rechtfertigung des positiven Rechts nimmt er eine bestimmte metaphysische Stellung ein, sei es, daß er letztlich die Materie als den metaphysischen Weltengrund setzt, sei es, daß er in dem Menschen und seinen unmittelbaren Gegebenheiten die Wirklichkeit erblickt. Vgl. dazu: *Diemer*, Alwin, Metaphysik, in: Philosophie, 1958, S. 190 — Das Verhältnis zwischen Metaphysik, Philosophie und den übrigen Wissenschaften umschreibt *Descartes* in einem Brief an *Picot* wie folgt: „Ainsi toute la philosophie est comme un arbre, dont les racines sont la Métaphysique, le tronc est la Physique, et les tranches qui sortent de ce tronc sont toutes les autres sciences ..."; zit. bei *Heidegger*, Martin, Was ist Metaphysik?, 7. Aufl., 1955, S. 7.

[15] *Schelsky*, Ortsbestimmung, S. 126 f.

[16] Zur logischen Struktur der Gewinnung juristischer konkreter Sollensurteile vgl. *Engisch*, Karl, Logische Studien zur Gesetzesanwendung, 2. Aufl., 1960, S. 5 ff., 37 ff.

[17] *Schelsky*, Ortsbestimmung, S. 127.

tierten Rechtswissenschaft völlig frei, „die von der Soziologie festgestellten Tatbestände und Vorgänge normativ zu bejahen oder zu verneinen"[18].

Die in einigen Zügen angedeutete Ambivalenz der Rechtswissenschaft gegenüber der Soziologie, die eigentümliche Verquickung gegensätzlicher Haltungen gegenüber dieser durch einen eigenen Gegenstand und spezifische Fragestellungen konstituierten Wissenschaft, wurzelt in der Verkennung der unterschiedlichen Einstellung beider Wissenschaften in der Aufnahme und Bewältigung der Probleme, die sich aus dem Erfordernis nach rationalem Denken im Hinblick auf die zwischenmenschlichen Beziehungen ergeben. Wie *Parsons* darlegt, hat sich in der Rechtswissenschaft „rationales Denken in der Behandlung menschlicher Beziehungen am ehesten und in gewisser Weise auch am eindeutigsten durchgesetzt"[19]. Andererseits weist er zutreffend auf die Schwierigkeiten hin, die es zu überwinden galt, „ehe man den Schritt von der Jurisprudenz zur empirischen Sozialwissenschaft vollziehen konnte, Schwierigkeiten, die auch heute erst teilweise bewältigt sind". Parsons erblickt sie vor allem darin, daß die Rechtswissenschaft sich „mehr mit der Analyse von Normen beschäftigt, mit der Untersuchung von Vorschriften für menschliches Verhalten, als mit der empirischen Untersuchung des Verhaltens selbst"; jedoch habe diese „normative Orientierung" der Rechtswissenschaft „andererseits zu Problemen geführt, für deren wissenschaftliche Bewältigung man die Klärung jener Beziehungen abwarten mußte, die zwischen den Normen und dem Handeln bestehen und für deren Behandlung die Rechtswissenschaft allein nicht zuständig war".

In der Tat kommt in diesem Bereich der Rechtssoziologie die in ihrer Bedeutung kaum zu überschätzende, in ihrer Tragweite seitens der Rechtswissenschaft noch keineswegs hinreichend erkannte Aufgabe zu, für die Rechtstheorie von Realitätsverschätzungen freie Tatsachenkenntnis zu schaffen[20]. Indem die Soziologie die Tatsachenseite des Rechts theoretisch aufbereitet, wirkt sie weder in einer dem Juristen fremden Welt noch tut sie dabei der Rechtswissenschaft durch unzulässigen Übergriff in ihren Bereich Abbruch. Sie läßt das Recht in seiner

---

[18] *Schelsky*, Ortsbestimmung, S. 129.

[19] Dazu und zum folgenden: *Parsons*, Talcott, Die Stellung der Soziologie innerhalb der Sozialwissenschaften, 1955, S. 67.

[20] Die den Bestand von Rechtsnormen voraussetzende Rechtswirklichkeit, die aus der Verwirklichung, der Anwendung des Rechts erwächst, ist heute weitgehend ebenso unbekannt wie die soziale Wirklichkeit des Rechts, die den sozialen Unterbau der Rechtsregelungen beinhaltet. Zutreffend bemerkt *König*, dies eröffne „den legitimen Eintrittspunkt der Soziologie in die Rechtswissenschaft". Vgl. *König*, René, Art. Recht, in: Soziologie, 1958, S. 235.

spezifischen Eigenart außer Betracht und erweist durch diese Beschränkung ihr Verhältnis zur Rechtswissenschaft als eine kooperativ
verstandene Beziehung. Innerhalb dieses Bezugsrahmens ist Rechtssoziologie heute zu einem schlechthin dringenden Erfordernis geworden[21].

Die „Spezifität des Rechts" ist eine zweifache. Das Recht ist einerseits „ethisch-normativ, d. h. auf das Sollen", andererseits „imperativ,
d. h. auf Erscheinungen der Sozialmacht beziehbar"[22]. Eine an der
sozialen Wirklichkeit orientierte Rechtstheorie kann die Rechtssoziologie keinesfalls entbehren, weil eine bloß normative Betrachtung des
Rechts eine sachlich nicht zu rechtfertigende Reduktion auf einen Teil-
gesichtspunkt bedeutet, die außer Betracht läßt, daß das Recht auch
eine soziale Technik[23] im Hinblick auf konkrete Zwecke ist. Die Rechtstheorie als eine praktische Disziplin muß um die rechtstheoretische
Durchdringung der in rechtssoziologischer Arbeit ermittelten einschlägigen Befunde bemüht sein und hat die Aufgabe, eine derart sich
ergebende Teiltheorie in die tradierte Rechtstheorie zu integrieren.
Damit erst genügt sie ihrem Anspruch, „das Recht von innen, vom
Material her" zu analysieren[24].

Die tradierte Rechtstheorie, die bisher weniger als eigenständige Disziplin innerhalb der Rechtswissenschaft, sondern eher nebenher, d. h.
nur ansatzweise, im Zusammenhang mit rechtsdogmatischen oder rechtsphilosophischen Fragestellungen betrieben wurde, hat bislang die Notwendigkeit einer Kooperation mit der so verstandenen Rechtssoziologie
nicht nur nicht als vordringlich empfunden, sondern zum Teil nicht
einmal erkannt. Sie ist einerseits eher zu theoretisch, wo es um das
Formale im Recht, um die bloßen Rechtsformen geht; sie ist andererseits nicht theoretisch genug, wo die Inhalte des Rechts in Frage stehen,
die sie in ihrem Vorurteil zugunsten der reinen Form[25] glaubt vernach-

---

[21] Vgl. *Gurvitch*, Georges, Grundzüge der Soziologie des Rechts, 1960, S. 17:
Wir „haben es heute mit Strukturen und Situationen zu tun, in denen sich
abstrakte juristische Formeln als völlig unfähig erweisen, den turbulenten
Fluß des realen Rechtslebens mit seinen neuen und unvorhergesehenen, mit
elementarer Kraft hervorbrechenden Äußerungen zu erfassen. Der Jurist
kann jetzt keinen einzigen Schritt mehr tun, ohne zugleich die Arbeit des
Soziologen zu leisten, ohne die Rechtssoziologie zur Hilfe zu rufen".
[22] *Timasheff*, N. S., Wie steht es heute mit der Rechtssoziologie?, KZS 1956,
S. 415—23, 416.
[23] Eine häufig in der Rechtswissenschaft zu beobachtende Fehleinstellung
beruht darauf, in dem nicht einmal Vorletzten, der bloßen sozialen Technik,
schon unantastbare Letztheiten zu erblicken. Zutreffend bemerkt *Gurvitch*,
S. 28: „Die Juristen haben einen eingewurzelten Hang zum Dogmatismus und
Konservatismus, zur Identifizierung ihrer ganz relativen Technik mit der
ewigen Idee, dem Logos des Rechtes."
[24] *Timasheff*, S. 416.
[25] Die Formalisierung des Rechtsdenkens als die Loslösung der Form von

lässigen zu dürfen. Das Kardinalproblem für eine Theorie des gegenwärtigen Rechts erwächst aus dem Umstande, daß moderne Gesetze in zunehmendem Maße ihren Ordnungsgehalt vorwiegend an empirisch bestimmbaren, genau zu umgrenzenden Zwecken ausrichten. Indem die an der Zweckmäßigkeit einer Regelung orientierte Sachlogik weitgehend zum Maßstab moderner Gesetze gemacht wird, werden diese mehr und mehr zu Produkten modernen Fachverstandes, der sich vornehmlich an seiner sachlichen Aufgabe orientiert, an den Maßstäben, die ihm die Sache selbst, die zu reglementierende Angelegenheit, aufgibt. Auch wenn die normative Betrachtung dabei grundsätzlich zu ihrem Recht kommt, sieht sie sich ständig zur Auseinandersetzung mit Argumenten genötigt, deren Begründung auf wirklichen oder vermeintlichen Sachgesetzlichkeiten beruht. Damit treten in dem als Einheit gedachten rechtlichen Ordnungssystem Spannungen auf, die zu einer wirklichkeitsnäheren rechtstheoretischen Konzeption hindrängen. Ihre Inangriffnahme ist unausweichlich, da anderenfalls die Auswirkungen der genannten Spannungen rechtstheoretisch als systemwidrige Konzessionen in Erscheinung treten oder — was noch schlimmer ist — von der Theorie gar nicht berücksichtigt werden.

Eine bloß normative Theorie des Rechts, welche die soziale Funktion der Rechtsnormen nicht beachtet, läßt unberücksichtigt, daß das vom Staat mit Mitteln des Rechts zu bewältigende Ordnungsproblem mehrdimensional ist. Unter funktionalem Aspekt stellt sich das Gesetz als gezielte Aktion des Gesetzgebers im Hinblick auf empirisch erfaßbare oder jedenfalls vorstellbare Zwecke dar, als Lenkung menschlichen Verhaltens mit Mitteln des Rechts. Eine derartige Betrachtung setzt das kausaltheoretische Verständnis der Wirklichkeit voraus, weil die konsequente Zweckeinstellung zum Recht sich nur dann wirksam zu entfalten vermag, wenn sie auf der Einsicht in Kausalzusammenhänge aufbaut. Der Gesetzgeber kann nicht die Realisierung genau umgrenzter Zwecke in Angriff nehmen, d. h. Rechtsregeln zur Verwirklichung seiner Zielvorstellungen erlassen, wenn er sich nicht zuvor einen Überblick über die Möglichkeiten ihrer Umsetzung in die soziale Wirklichkeit verschafft hat. Hat er aber eine Realisierungsmöglichkeit ausgewählt, so wird er alle der Verwirklichung seiner Vorstellungen dienenden Sollenssätze eines Gesetzes — im einzelnen wie in ihrer Gesamtheit — in den Dienst dieser Aufgabe stellen. Daß Zwecke wie Mittel auch in Einklang mit dem bereits geltenden Recht stehen müssen,

---

allem Inhaltlichen, das als zeit- und standortgebunden, als bloß zufällig und rechtlich nicht relevant erscheint, ist kein Zufall, sondern das Ergebnis einer langen Entwicklung im europäischen Denken überhaupt. N. *Hartmann* hat die entsprechende philosophische Denkhaltung als das „uralte, bis auf Aristoteles zurückgehende Vorurteil der traditionellen Metaphysik zu Gunsten der reinen Form" gekennzeichnet; vgl. *Hartmann*, Nikolai, Ethik, 1926, S. 97 ff.

bedarf keiner näheren Darlegung. Jedoch folgt daraus, daß die Rechtstheorie nur dann ihrer Aufgabe genügt, wenn sie die Rechtsnormen
im Hinblick auf die soziale Wirklichkeit sowohl unter normativem als
auch unter funktionalem Aspekt betrachtet.

Die hier intendierte Theorie des Rechts nimmt somit die Form einer
auf die Rechtspraxis (im weitesten Sinne) bezogenen und damit situa-
tionsbestimmten Theorie an. Sie tritt in Wechselbeziehung zur Rechtswirklichkeit und zur sozialen Wirklichkeit des Rechts[26]. Diese im Grunde
nicht auflösbare Wechselbeziehung zwischen dem Recht und seiner
Praxis und der zugehörigen Theorie mag den Eindruck erwecken, als
seien nunmehr die Grenzen zwischen der Rechtstheorie und der Rechtssoziologie in einer die Autonomie der Rechtswissenschaft bedrohenden
Weise verschoben. In der Tat hat *Geiger* die Ansicht vertreten, daß
eine von soziologischen Ausgangspunkten her entwickelte allgemeine
Rechtslehre mit der „theoretischen Rechtssoziologie" zusammenfällt[27].
Zwar ist seiner Forderung nach einer soziologischen Fundierung der
Rechtstheorie grundsätzlich beizupflichten. Es ist jedoch methodisch
verfehlt, die Rechtstheorie und die Rechtssoziologie einfach gleichzusetzen. Die Ineinssetzung von Rechtstheorie und Rechtssoziologie verkennt die Eigenart rechtstheoretischer Betrachtung und durchbricht
die Grenze zwischen beiden Disziplinen. Wie *Gurvitch* zutreffend bemerkt, ist es keineswegs das Ziel der Rechtssoziologie, „das Recht zu
definieren und seine Spezifizität zu untersuchen"[28], ein Anliegen, das
sich gerade die allgemeine Rechtstheorie, beschränkt auf den Bereich
des positiven Rechts, zur Aufgabe macht. Es ist daher sachlich durchaus begründet, an dem prinzipiellen Unterschied zwischen beiden
Disziplinen[29] festzuhalten, auch wenn die Rechtstheorie auf soziologisch
gesicherten Tatsachenfeststellungen aufbaut. Eine derartige Rechtstheorie ist infolge der sachlichen und methodischen Beschränkung
beider Disziplinen nicht in Gefahr, in Abhängigkeit zur Soziologie zu
geraten, wie es bei oberflächlicher Betrachtung scheinen könnte[30].

---

[26] Dazu *König*, Recht, S. 235.
[27] *Geiger*, Theodor, Vorstudien zu einer Soziologie des Rechts, 1947, S. 6.
[28] *Gurvitch*, S. 45.
[29] Vgl. *Haesaert*, S. 19, der zutreffend zwischen „théorie générale du droit"
und „sociologie juridique" unterscheidet.
[30] Die thematische Begrenzung schließt es aus, hier „die philosophische
Frage nach dem Grunde des Rechts im Verhältnis zur Rechtswirklichkeit neu
aufzunehmen und in die Beziehung zu dieser zurückzubringen". Vgl. dazu:
Ritter, Joachim, „Naturrecht" bei Aristoteles. Zum Problem einer Erneuerung
des Naturrechts, 1961, S. 11. — Über das im Recht zum Ausdruck gelangende
Spannungsverhältnis zwischen Staat bzw. Gesellschaft und der als Selbstver-
wirklichung verstandenen Freiheit des Menschen als „Grund und Substanz
politischer und rechtlicher Satzung": *Ritter*, Joachim, Zur Grundlegung der
praktischen Philosophie bei Aristoteles, ARSP XLVI (1960) S. 179—199, 191 ff.;
ds., Hegel und die französische Revolution, 1957 passim.

§ 3 Das Erfordernis einer dynamisch-funktionalen Analyse

Die unter den Bedingungen der Gegenwart notwendige Neuorientierung der Rechtstheorie muß im Hinblick auf die soeben umrissene Aufgabe sowohl in gegenständlicher als auch in methodischer Hinsicht eine Ergänzung der tradierten Rechtstheorie anstreben. In gegenständlicher Hinsicht hat die Rechtstheorie die Funktion und Wirkung des positiven Rechts in der sozialen Wirklichkeit zu berücksichtigen sowie die Eigengesetzlichkeiten der zu reglementierenden Sachgebiete — wie z. B. der Wirtschaft —, welche die inhaltliche Ausgestaltung des Rechts bedingen[1]. Der formale Charakter des Rechts darf die Rechtstheorie nicht dazu verführen, sich einseitig dem logisch-systematischen Aufbau der Rechtsordnung zu widmen und in selbstgenügsamer Hinwendung zu den „logischen Grundlagen des positiven Rechts"[2] ihr Hauptaugenmerk auf folgerichtige Deduktionen zu richten, die lediglich die Explikationen von Aussagen darstellen, welche bereits in den Oberbegriffen bzw. den Prämissen vorgegeben sind. Zwar ist auch eine derartige Exegetik wichtig. Da sich jedoch das soziale Leben und mit ihm die Rechtsetzung weitgehend nicht mit folgerichtiger Gesetzmäßigkeit, jedenfalls nicht nach den Gesetzen der Logik abspielt, ist ein übertriebener Perfektionsdrang in dieser Hinsicht unangebracht. Neben dem logischen Charakter der Rechtssätze und ihrem axiologischen Gehalt darf der Einfluß nicht übersehen werden, den die einzelnen kulturellen Bereiche auf den Inhalt des positiven Rechts ausüben. Das positive Recht ist als solches nicht nur eine Kulturerscheinung neben anderen, sondern die Rechtsordnung ist als ganze und in ihren Teilen auf die Ordnungen des Seienden, auf die einzelnen Kulturbereiche bezogen[3]. Die formale Struktur und der normative Gehalt des positiven Rechts bestehen nicht unabhängig von seiner Funktion. Die jeweiligen begrifflich fixierten Elemente werden stets im Hinblick auf die spezifische Funktion des Rechts in der sozialen Wirklichkeit konkretisiert. Sie werden gleichsam in den Dienst einer mit Mitteln des Rechts zu

---

[1] Mit Recht weist *Jenkins*, Iredell, The Matrix of Positive Law, in: Natural Law Forum, hrsg. von Andrew T. *Smithberger*, 1961, S. 1—50, 1 f. darauf hin, „that law inherits its facts, goals, and its problems from a larger context". In seiner Skizze einer „general theory of positive law" bestimmt er deshalb zunächst „the placement of law within the total environment from which it emerges, as an element of which it operates, and from which it derives its nature and functions".

[2] Vgl. z. B. *Hofacker*, W., Der logische Aufbau des Deutschen Rechts, 1924, S. 5 ff.

[3] Die Abhängigkeit des positiven Rechts von und seine Herkunft aus der bereits vorgenormten sozialen Wirklichkeit kennzeichnet — wenn auch etwas stark vereinfacht — *Carnelutti*, S. 49 durch die Formel: „fonte materiale del diritto è la società".

lösenden Aufgabe gestellt. Wenn aber alles positive Recht als anzuwendendes, zu verwirklichendes Recht gleichzeitig durch die Sachgesetzlichkeiten des reglementierten Bereichs bedingt ist, dann muß
die zugehörige Rechtstheorie sich von vornherein an der Wechselbe-
züglichkeit zwischen dem Recht und den einzelnen sozial-kulturellen
Teilordnungen orientieren. Damit ist zugleich in methodischer Hinsicht
der Weg gewiesen. Eine unter funktionalem Aspekt betriebene Rechtstheorie, welche sich an der sich ständig verändernden sozialen Wirklichkeit orientiert und — wenn auch nur für partielle Zwecke — das
Recht selbst als ein auf weitere Veränderung abzielendes Mittel der
Sozialgestaltung begreift, bedarf einer dynamischen Betrachtungsweise.
Von einer derartigen dynamisch-funktionalen Theorie darf erwartet
werden, daß sie nicht nur die Funktion des positiven Rechts beschreibt,
sondern zugleich den zeitlichen Bezugsrahmen der gesetzgeberischen
Aktionen zum Ausdruck bringt.

Angesichts der „geradezu kaleidoskopartigen Bedeutungswandlungen",
welche „die Worte Statik und Dynamik" mitgemacht haben[4], mag es
auf den ersten Blick überhaupt unangebracht erscheinen, sie zur Kennzeichnung spezifischer Aspekte der Rechtstheorie zu verwenden. Jedoch haben eingehende Diskussionen, vor allem im Bereich der ökonomischen Theorie[5], zu einer endgültigen Klärung der terminologischen
Differenzen und einem Grade gedanklicher Schärfe geführt[6], der es
gestattet, diese Begriffe zur Kennzeichnung zweier verschiedener Arten
der theoretischen Analyse rechtlicher Phänomene in die Rechtstheorie
einzuführen.

Die Kennzeichnung der Rechtstheorie als statisch bzw. dynamisch
darf weder verwechselt werden mit der begrifflichen Bestimmung der
sozialen Wirklichkeit, welche die Lebenswirklichkeit als statisch bzw.
dynamisch bezeichnet[7], noch mit der Unterscheidung zwischen einem

---

[4] *Machlup*, Fritz, Der Wettstreit zwischen Mikro- und Makrotheorien in der
Nationalökonomie, 1960, S. 22; ds., Statics and Dynamics: Kaleidoscopic
Words, SEJ 159, S. 91—110.

[5] Vgl. den Überblick bei: *Schneider*, Erich, Statik und Dynamik, HDSW
Bd. 10 (1959), S. 23—29.

[6] Vgl. *Rittershausen*, Heinrich, Artikel: Theorie, in: Wirtschaft, 1958, S. 239,
der zutreffend bemerkt, die „Lehre von der Dynamik" besage, ohne Rück-
sicht auf den etwas phantastischen Wortsinn „nur, daß die Zeit eingeschlossen
ist".

[7] Dazu *Adorno*, Theodor W., Bemerkungen über Statik und Dynamik in der
Gesellschaft, KZS 1956, S. 321—28, bes. 322 f.: „Der gesunde Menschenver-
stand, der Statisches und Dynamisches in der Gesellschaft trennt, ohne zumindest des Moments der Einheit von beiden inne zu werden, verdankt seine
Gesundheit der Naivität, mit der er seine eigenen Bestimmungen dem Objekt
zuschreibt."

statischen bzw. dynamischen Recht[8], wenn sie auch mit beiden in engem Zusammenhang steht. Den Begriffen Statik und Dynamik haftet noch etwas von der Bedeutung an, die Auguste *Comte* ihnen bei ihrer Einführung in die Sozialwissenschaften gegeben hat[9]. Wenn auch Comte noch von der „natürlichen Fähigkeit der Bewegungsvorgänge, die tatsächlichen Gesetze der grundlegenden Solidarität mit unwiderstehlicher Evidenz an den Tag zu legen"[10], überzeugt war, so hat er doch durch seine Hinwendung zu diesen Bewegungsabläufen[11] in der gesellschaftlichen Wirklichkeit die moderne Denkhaltung eingeleitet, die in der Betrachtung variabler Größen im Zeitablauf eine dynamische Form theoretischer Analyse erblickt, hingegen den Bezug der Variablen auf den gleichen Zeitpunkt bzw. den Ausschluß des Zeitmoments aus der theoretischen Betrachtung als statische Theorie bezeichnet.

Dieses moderne Verständnis einer statischen bzw. dynamischen Theorie ist der vorläufige Endpunkt einer Entwicklung, die in der Wirtschaftstheorie durch den von Comte beeinflußten J. St. *Mill* ausgelöst worden ist[12], der in Übernahme von Comtes Begriffsschema einerseits einen Gesamtüberblick über die wirtschaftlichen Erscheinungen in ihrem Nebeneinander, andererseits eine Theorie des wirtschaftlichen Fortschreitens intendierte, vergleichbar mit der Physik, die in der Statik die Gegenstände im Zustande der Ruhe, in der Dynamik die Gegenstände im Zustande der Bewegung erfaßt. Von daher lag es nahe — wie es John B. *Clark*, Gustav *Cassel* und Roy F. *Harrod* getan haben — statisch mit stationär und dynamisch mit evolutorisch gleichzusetzen[13]. Während noch Joseph *Schumpeter* diese Begriffe sowohl zur Beschreibung des wirtschaftlichen Erscheinungsbildes im Sinne von stationär bzw. nicht stationär als auch im Sinne eines theoretischen Verfahrens, also einer Betrachtungsweise, verwandte[14], ist erst seit den

---

[8] *Spengler*, Oswald, Untergang des Abendlandes, Bd. II, 1924, S. 97 ff.: „Das antike Recht war ein Recht von Körpern, unser Recht ist das von Funktionen. Die Römer schufen eine juristische Statik, unsere Aufgabe ist eine juristische Dynamik."

[9] *Comte*, Auguste, Soziologie, 1. Bd., 2. Aufl., 1923, bes. S. 391 ff., 452 ff. — Das 5. Kapitel überschreibt Comte bezeichnenderweise: „Vorbetrachtungen über die soziale Statik, oder allgemeine Theorie von der natürlichen Ordnug der menschlichen Gesellschaften" und läßt als 6. Kapitel die „Grundgesetze der sozialen Dynamik oder allgemeine Theorie von der natürlichen Ordnung der menschlichen Gesellschaften" folgen.

[10] *Comte*, S. 392.

[11] *Comte*, S. 391: „Aus den ... aufgeführten Gründen muß der insonderheit dynamische Teil der Sozialwissenschaft unsere direkte und entschiedene Aufmerksamkeit notwendig überwiegend, ja beinahe ausschließlich auf sich ziehen ...".

[12] Vgl. dazu: *Jöhr*, W. A., Die Konjunkturschwankungen, 1952, S. 108.

[13] *Harrod*, Roy F., Dynamische Wirtschaft, 1949, S. 12, 20, 108.

[14] Vgl. *Schumpeter*, Joseph, Theorie der wirtschaftlichen Entwicklung, 1912;

Arbeiten von Ragnar *Frisch*[15] das Verständnis von Statik und Dynamik als zweier Arten theoretischer Analyse herrschend geworden. Eine Analyse ist demzufolge dynamisch, wenn sie bei der Betrachtung variabler Größen diese Variablen im Zeitablauf auf ihre Varianz bzw. Invarianz hin analysiert.

Während eine statische Betrachtung des positiven Rechts das Zeitmoment entweder völlig ignoriert oder doch vernachlässigt, geht die dynamisch-funktionale Analyse davon aus, daß sich das bestimmende Einwirken des Rechts auf das soziale Verhalten von Menschen und deren rechtlich bestimmtes Verhalten selbst in der Zeit vollziehen. Dieser Ablauf des Rechtsgeschehens als ein historischer, sozialer Vorgang ist für eine gegenwartsnahe Konzeption der Rechtstheorie höchst bedeutsam, wenn auch seine Beschreibung und Analyse als solche nicht ihre Sache sind, sondern in den Bereich der Rechtsgeschichte und Rechtssoziologie gehören. Während es bei der „historischen Dynamik" *(Frisch)* um eine Typisierung des Rechtsgeschehens, um die zeitliche Entwicklung der Rechtsordnung und ihres institutionellen Rahmens, um die Gewinnung von „Rechtstypen der Gesamtgesellschaften" und die Probleme des Überganges von einem Typus zum anderen[16] geht, orientiert sich die dynamisch-funktionale Betrachtungsweise des positiven Rechts — als spezifischer Aspekt rechtstheoretischer Analyse — an dem Ablaufscharakter des Rechtsgeschehens überhaupt als einem Vorgange in der Zeit.

Einer dynamischen Theorie in diesem Sinne ist ein von Hans *Fehr* unternommener Versuch, „eine Skizze der neuen Rechtslehre auf völlig realer Grundlage zu entwickeln"[17], sehr nahe gekommen. Schon in den 30er Jahren hat Fehr, angeregt durch rechtsgeschichtliche und zivilrechtliche Studien, sich angesichts des sozialen Wandels dem Problem rechtlicher Kontinuität über eingetretene soziale Änderungen hinweg zugewandt. Seiner Betrachtung bietet sich ein vom zeitlichen Wandel weitgehend unabhängiges, körperhaftes, statisches Recht dar, das auf statischen Grundlagen aufruht, und ein dynamisches Recht, das an der Funktion der Rechtssätze in der Wirklichkeit, an ihrer Wirkung ausgerichtet ist.

---

eine klare begriffliche Trennung hat S. erstmals in dem Vorwort zu der im Jahre 1937 erschienenen japanischen Übersetzung vorgenommen.

[15] *Frisch*, Ragnar, Statikk og Dynamikk i den Økonomiske Teori, Nationaløkonomisk Tidsskrift, 67 (1929); vgl. ferner: *Brandt*, Karl, Struktur der Wirtschaftsdynamik, 1952; *Tritsch*, Walther, Wirtschaftsdynamik unserer Zeit, 1959 passim.

[16] Vgl. hierzu: *Gurvitch*, S. 179 ff., der eine Typologie der Gesamtgesellschaften und der jeweils korrelierenden Rechtssysteme aufstellt, hinsichtlich der Gegenwart bes. S. 198 ff.

[17] Dazu und zum folgenden: *Fehr*, Hans: Das kommende Recht, 1933, S. 3 ff.

Unter Statik versteht Fehr „die Lehre vom Gleichgewicht der Kör-
per", die „in bestimmten, fest abgegrenzten, meßbaren Beziehungen
zueinander" stehen, unter Dynamik „die Lehre von der Bewegung von
Kräften", die sich „gegenseitig verhalten" und „aufeinander wirken"[17].
Diese an sich „naturwissenschaftlichen Begriffe" will Fehr „in das
Gebiet der Geisteswissenschaften übertragen"[18]. Im Bereich des positiven Rechts erweist sich nach seiner Auffassung die Rechtswissenschaft
dann als eine dynamische, wenn sie nicht „zu stark auf statische Grundlagen aufgebaut" wird, sondern „den dynamischen Kräften mehr Spielraum gewährt". Als solche ist sie „nicht auf bloßes Erkennen und
Denken gerichtet", sondern sie „will die richtigen Mittel zu praktischem
Handeln aufdecken"; ihr „unmittelbarer Gegenstand muß immer die
Praxis des Rechts bleiben". Das „kommende Recht" bezeichnet Fehr
als das „dynamische Recht". Er weist jedoch darauf hin, „daß das
gegensätzliche Recht, das statische", nicht verschwinden werde. „Statisches und dynamisches Recht werden immer nebeneinander bestehen",
denn sie „bedingen sich gegenseitig"; es handelt sich stets „nur um
ein Mehr oder Weniger"[19]. Fehr bemängelt, daß das statische Recht sich
zwar „treffliche Begriffe und Institute" schaffe, jedoch zu wenig „an
deren Wirkung innerhalb des wechselvollen Lebens interessiert" sei[20].
Demgegenüber forme dynamisches Recht seine „Sätze und Begriffe
nach den Funktionen, die sie zu erfüllen haben und nach den Wirkungen, die sich daraus ergeben"[21]. Der Rechtsbegriff wird derart „aus der
Wirklichkeit abgeleitet" und ist als dynamischer „ein Funktionsbegriff"[22]. Daher bezeichnet Fehr das dynamische Recht auch als „das
funktionale Recht"[23].

Obwohl *Fehr* den funktionalen Aspekt des neu zu erlassenden positiven Rechts in den Grundzügen zutreffend skizziert hat, kann seiner
Unterscheidung zwischen statischem und dynamischem Recht gleichwohl nicht gefolgt werden. Seine offensichtlich am geltenden Zivilrecht
orientierte Unterscheidung eines statischen Rechts beruht auf der
Beobachtung, daß gewisse, die Rechtsverhältnisse des täglichen Lebens
regelnde Normen durch einen Wandel in den sozialen Verhältnissen
inhaltlich weitgehend unberührt bleiben. Es gehört zu den heute
geläufigen Einsichten, daß „selbst der Übergang eines Gebietes unter
eine andere staatliche Hoheit oder ein revolutionärer Umsturz große

---

[18] *Fehr*, Recht, S. 5.
[19] *Fehr*, Recht, S. 3.
[20] *Fehr*, Hans, Die Fortschritte des dynamischen Rechts, in: Festschrift für
Heinrich *Lehmann*, 1937, S. 31—42, 32.
[21] *Fehr*, Fortschritte, S. 31.
[22] *Fehr*, Recht, S. 5.
[23] *Fehr*, Fortschritte, S. 31.

Teile der Rechtsordnung in ihrem Bestande nicht berühren"[24]. So ist etwa die rechtliche Beurteilung eines Kaufvertrages von politisch bedingten Umständen in der Regel weitgehend unabhängig. Aber nicht nur das bürgerliche Recht, sondern in bestimmtem Umfange auch das Strafrecht und gewisse Teile des Verwaltungsrechts „werden durch einen solchen Wandel inhaltlich nicht verändert". Gleichwohl haben alle diese Rechtsregeln jeweils spezifische Funktionen und Wirkungen. Wegen der relativen Unempfindlichkeit einzelner Rechtsmaterien gegenüber sozialen Veränderungen kann jedoch dieser Umstand vernachlässigt werden und weitgehend aus dem Bewußtsein entschwinden, so daß die in Frage stehenden Rechtsregeln als statisch erscheinen, obwohl auch sie ständig ihre Funktion erfüllen und die im voraus disponierten Wirkungen hervorbringen. Sind aber beim statischen wie beim dynamischen Recht Funktionen und Wirkungen der Rechtsregeln aufweisbar und ist lediglich der Grad ihrer Abhängigkeit von politisch bedingten Wechselfällen des Soziallebens ein verschiedener, so verliert die Unterscheidung zwischen statischem und dynamischem Recht ihre Berechtigung.

Dieser Unterscheidung liegt kein sachlicher Unterschied im Gesetzesmaterial zugrunde. Sie ist lediglich das Ergebnis einer Verschiebung des Abstraktionsniveaus bei der Analyse der Rechtsregeln. Während das positive Recht einerseits als schlechthin bestehend angesehen wird (sog. statisches Recht), wird es andererseits zugleich als gewollte Regelung betrachtet, die im Hinblick auf zu verwirklichende Zwecke geschaffen worden ist (sog. dynamisches Recht). Dabei bleibt im ersten Fall das Zeitmoment als unmaßgeblich außer Betracht, während im zweiten Fall die Explikation der Rechtsregel in ihrem zeitlichen Bezugsrahmen infolge der Mittel-Zweck-Relation der Rechtsregel zu dem intendierten, künftig zu verwirklichenden Zweck notwendig vorausgesetzt wird. Die jetzt geltende Rechtsregel und der künftig zu verwirklichende Zweck sind — rechtstheoretisch betrachtet — zeitlich verschieden datierte Variable. In dieser unterschiedlichen Datierung kommt die Mittel-Zweck-Struktur der Rechtsregel zum Ausdruck, durch deren Sollensanspruch das Spannungsverhältnis zwischen Gegenwart und Zukunft überbrückt werden soll. Der — scheinbare — Unterschied zwischen statischem und dynamischem Recht kommt nur dadurch zustande, daß im ersten Fall vom Zeitablauf abstrahiert wird, während im zweiten Fall die Rechtsregel in ihrem zeitlichen Bezugsrahmen als anzuwendendes und zu verwirklichendes Recht betrachtet wird.

---

[24] *Scheuner*, Ulrich, Die Funktionsnachfolge und das Problem der staatsrechtlichen Kontinuität, 1956, S. 9.

In dem Abstellen der Betrachtung auf Funktion und Wirkung des positiven Rechts ist dieses als dem Menschen grundsätzlich verfügbares Ordnungsmittel durchschaut. Recht erscheint nicht mehr schlechthin als aufgegeben, sondern als zur Disposition des Menschen stehend. Rechtspraxis und Rechtstheorie stehen „nicht unter der Wirkung eines verborgenen, allgemeingültigen Systems einzelner logisch sich ergänzender Begriffe, aus dem man — wäre es nur erst in seiner ganzen Ausdehnung und Geschlossenheit entdeckt! — lediglich durch logische Folgerung die Lösung aller irgend möglichen Rechtsfälle zu entnehmen vermöchte"[25]. Vielmehr ist klargestellt, daß das positive Recht „zielstrebigem Denken" entspringt. Daß diesem Disponieren von den der Rechtsordnung zugrunde liegenden Axiomen her gewisse Grenzen gesetzt sind, schmälert nicht den Wert dieser Einsicht.

Damit ist zugleich der Weg für eine wirklichkeitsnahe Konzeption der Rechtstheorie gewiesen. Sie kann nur von einer dynamisch-funktionalen Betrachtung erwartet werden, welche von der Funktion des Rechts in den einzelnen Lebensbereichen ausgeht und es als Mittel praktischen Handelns begreift, das von vornherein auf seine künftige Wirkung hin ausgerichtet wird. Die dynamisch-funktionale Analyse ist weniger abstrakt als eine bloß statische Rechtsbetrachtung. Sie wendet ihre Aufmerksamkeit dem Faktor der Zeit im positiven Recht und dem positiven Recht im Zeitablauf zu. Diese Einbeziehung des Zeitfaktors in die rechtstheoretische Analyse geschieht nicht zufällig. Sie ist sachlich begründet. Wer das Recht als Ordnungs- und Gestaltungsmittel im Hinblick auf die soziale Wirklichkeit ansieht, kann das Zeitmoment nicht ignorieren, da sich ihm die Zeitlichkeit des Rechts in seiner Geschichtlichkeit und in seiner sozialen Geltung zwingend aufdrängt.

Bei der dynamisch-funktionalen Analyse des positiven Rechts kann es nur darum gehen, welche Bedeutung das Zeitmoment für das positive Recht hat[26]. Im Vordergrund steht dabei die Frage, wie sich die Zeit im positiven Recht darstellt. Dem Rechtstheoretiker begegnet die Zeit „mit und an Begebenheiten, Zuständen und Verhältnissen", soweit sie von rechtlicher Relevanz sind. Für ihn ist die Zeit „stets mit etwas erfüllt oder auf etwas bezogen, das als zu bestimmter Zeit geschehen oder sein sollend vorgestellt wird"[27]. Die Zeit wird im Recht „als etwas

---

[25] *Schmelzeisen*, Gustav Klemens, Die Relativität des Besitzbegriffs, AcP 16 (1932), S. 38—60, 42.

[26] Es geht also nur um die Zeitlichkeit des Rechts als eines Seienden. Hingegen ist die Frage nach dem Sein des Rechts in der Zeit hier nicht aufzunehmen. Sie führt in die Rechtsontologie und ist als spezifisch philosophische — nicht rechtstheoretische! — hier nicht aufzunehmen. Vgl. dazu: *Engisch*, Karl, Vom Weltbild des Juristen, 1950, S. 69.

[27] *Engisch*, Weltbild, S. 101.

Objektives angesehen, sie haftet am erlebten Inhalt, nicht am Erlebnis als solchem"[28]. Sie erweist sich damit in ihren Dimensionen zur Welt selbst gehörig, ist „stets in Verbindung mit einem zeitlich Seienden oder Sein-sollenden gegeben"[29]. Als solche wird sie „mit geringen Modifikationen für den Gehalt der Rechtsbegriffe maßgebend"[30].

Die Frage nach dem spezifischen Inhalt der im Recht verwendeten „Inhaltsbegriffe mit zeitlichem Einschlag" ist als rechtsdogmatische hier nicht zu erörtern. Wenn auch nicht alle Rechtsinhaltsbegriffe „als temporale Begriffe in Betracht kommen", so ist doch offensichtlich eine „unübersehbare Zahl der juristischen Begriffe zeitbezogen"[31]. Das ist nicht verwunderlich, wenn man bedenkt, daß die Begriffe als „geistige, gedankliche Gehalte" über sich selbst hinausweisen und Gegenständliches meinen[32]. Da das Recht „die Regelung von menschlichen Verhaltensweisen" vornimmt, jedes menschliche Verhalten aber „ein zeitliches Gebilde ist und in zeitliche Zusammenhänge hineingestellt ist"[33], muß diese Zeitbezogenheit in dem Inhalt der Begriffe zum Ausdruck kommen. Sie steht in engem Zusammenhange mit der Handlungsbezogenheit[34] der Begriffe. So läuft etwa die gesetzliche Anordnung einer Frist auf die Entscheidung hinaus, welcher Zeitraum einem bestimmten Handeln zuzubilligen ist. Gegenstand rechtlicher Regelung ist dabei der handelnde, mit der Zeit wirtschaftende, sich in ihr einrichtende Mensch. Es gilt, in der Rechtsregelung die Zeitintervalle „auf den Rhythmus menschlichen Sichverhaltens"[35] derart abzustimmen, daß eine jeweils spezifisch „handlungsbezogene Fassung aller temporalen Begriffe"[36] zustande kommt.

Indem sich die dynamisch-funktionale Rechtstheorie der Zeit- und Handlungsbezogenheit des Rechts zuwendet, erweitert sie das Feld

---

[28] *Engisch*, Weltbild, S. 105.
[29] *Engisch*, Weltbild, S. 102.
[30] *Engisch*, Weltbild, S. 104.
[31] *Engisch*, Weltbild, S. 69. — Bezüglich der einzelnen Gruppen temporaler Rechtsbegriffe vgl. *Engisch*, Weltbild, S. 70 ff., wo u. a. Zeitdimensions-, Zeitdauer-, Zeitrelations-, Zeitgrenz-, Zeitbestimmungs- und Zeitgestaltbegriffe unterschieden werden.
[32] *Most*, Otto, Erkenntnislehre und Logik, 1960, S. 96. Vgl. auch: *Bochenski*, J. M., Die zeitgenössischen Denkmethoden, 2. Aufl., 1959, S. 11 f., der darauf hinweist, daß die Dinge, Eigenschaften und Relationen in Begriffen, die Sachverhalte hingegen in Sätzen abgebildet werden. Jedoch bilde die Sprache „nicht direkt das Seiende ab, sondern die objektiven Begriffe und objektiven Sätze". „Wir sprechen nicht das Seiende aus, wie es ist, sondern so, wie wir es denken." Die Sprache dient lediglich als Zeichen zur Erleichterung des Denkens sowie zur Mitteilung der Begriffe und Sätze an andere.
[33] *Engisch*, Weltbild, S. 70.
[34] *Engisch*, Weltbild, S. 95.
[35] *Engisch*, Weltbild, S. 96.
[36] *Engisch*, Weltbild, S. 105.

ihrer Betrachtung zur sozialen Wirklichkeit hin. Sie richtet ihr Augenmerk auf den „Wirklichkeitsausschnitt, der durch das praktische Dasein und Wirken des Menschen bestimmt wird", auf den menschlichen Lebens- und Tätigkeitsraum. Zu ihm gehört auch „das ganze höhere, geistige Leben mit seinen konkreten Wertbeziehungen"[37]. Zwar ist Objekt ihrer Betrachtung vornehmlich die Rechtsordnung mit ihren Rechtssätzen und Begriffen. Jedoch sind diese für ihr dynamisch-funktionales Verständnis nicht radikal von der Wirklichkeit geschieden derart, daß zwischen Norm und Wirklichkeit eine tiefe unüberbrückbare Kluft bestünde. Vielmehr ist die dynamisch-funktionale Rechtstheorie sich des Umstandes bewußt, daß Rechtssätze und Rechtsbegriffe als funktionale, sachlich begrenzte und den spezifischen Lebensumständen entsprechende Rechtsgestaltungen in gewisser Weise von der sozialen Wirklichkeit bestimmt sind, ihrerseits jedoch auf die soziale Wirklichkeit zurückwirken. In der Überzeugung, daß die einseitige Betonung des logischen Charakters der Rechtssätze und eine bloße Hermeneutik der Begriffe zu willkürlichen Setzungen führen, durchdenkt sie die Rechtsregelungen auf ihre Finalität hin und nimmt ihre Bezogenheit auf konkrete Lebenssachverhalte von vornherein in den Ansatz ihrer theoretischen Bemühungen auf.

Die dynamisch-funktionale Rechtstheorie berücksichtigt die gegenseitige Bedingtheit von Recht und sozialer Wirklichkeit und begreift das Recht im Hinblick auf seine praktische Anwendung, im Vorgange der Rechtsverwirklichung. Ihr am Durchdenken von Funktionen geschultes Verständnis ermöglicht erst die auf optimale Wirkung bedachte, funktionsgemäße Abfassung von Rechtsnormen im Hinblick auf die rechtlich zu regelnden Lebensausschnitte mit Hilfe einer sachentsprechenden Begriffsbildung. Sie ist so eine „konkret-funktionale Rechtstheorie", bei der „die Umsetzung in die Wirklichkeit" voransteht[38].

Wenn die dynamisch-funktionale Rechtstheorie ihre Theoreme unter Berücksichtigung der konkreten, häufig einander widerstreitenden Gestaltungstendenzen aus Ordnungsvorstellungen entwickelt, die der Vielschichtigkeit der einzelnen, vom Recht zu regelnden Bereiche sachlich gerecht zu werden versuchen, so ist dabei der Ausgang von der Wirklichkeit, wie sie sich dem Menschen darstellt, unvermeidlich. Maßgeblich sind freilich nicht die Vorstellungen des Jedermann von der sozialen Wirklichkeit. In einer weitgehend unüberschaubar gewordenen

---

[37] *Welzel*, Hans, Naturalismus und Wertphilosophie im Strafrecht, 135, S. 74, ferner S. 38 f.

[38] *Sauer*, Wilhelm, System der Rechts- und Sozialphilosophie, 2. Aufl., 1949, S. 216. — Vgl. hierzu auch: *Bott-Bodenhausen*, Manfred, Formatives und funktionales Recht in der gegenwärtigen Kulturkrisis, 1926, passim.

Lebenswelt wie der unsrigen, wird die soziale Wirklichkeit, sofern sie überhaupt den Erfahrungen des Jedermann zugänglich ist, nicht ohne erhebliche Fehleinschätzungen wahrgenommen. Zur Grundlage einer dynamisch-funktionalen Rechtstheorie kann jedoch nur eine von Realitätsverschätzungen so weit wie möglich befreite Erfahrung der sozialen Wirklichkeit und der Rechtswirklichkeit gemacht werden.

In der Regel geht der „juristische Begriff eines Gegenstandes" von dem „durch die alltägliche Erfahrung Dargebotenen"[39], von der Wahrnehmung[40] aus. Ein Ding oder Sachverhalt ist in der Wahrnnehmung selbst gegeben, indem er als wahrgenommener unmittelbar die Zuwendung transzendiert, in der er wahrgenommen wird. Auch das Denken extrapoliert seinen Inhalt ursprünglich und unmittelbar aus dem eigenen Vollzug. „Die Objektivität als inhaltliche Bestimmtheit alles Daseienden transzendiert jederlei Zuwendung, gerade indem sie sie als virtuelle voraussetzt: jedes Ding kann als objektiv daseiendes und inhaltlich bestimmtes Gegenstand einer theoretischen ... Zuwendung werden, geht aber darin nicht auf." Reale Objektivität besteht darin, daß sie in den Zuwendungen des Wahrnehmens, Denkens und Handelns inhaltlich gegeben ist in der Gewißheit, diese zu transzendieren und damit neuen virtuellen Zuwendungen offenzustehen.

Jedoch unterscheidet sich die Erfahrungsweise des Rechtstheoretikers von der primären Sozialerfahrung des Jedermann erheblich. Zur Grundlage der Wirklichkeitserfassung durch den Rechtstheoretiker gehört „bereits eine wissenschaftliche Denaturierung der primären Welterkenntnis als Gesamthabitus des Denkens", die in einer gleichsam durchgeistigen, verwissenschaftlichten Primärerfahrung[41] hinsichtlich des auf Verwirklichung angelegten positiven Rechts besteht. Wegen der Zugehörigkeit des Rechts zum geistigen Leben kann sie sich allerdings nicht auf die bloße Aufnahme von Fakten beschränken. Sie reflektiert zugleich ihren Gegenstand hinsichtlich seiner Transparenz auf das Ganze der Rechtsordnung. In dem Maße, in dem der Rechtstheoretiker seinen Blick auf die Totalität der Rechtsordnung richtet, entziehen sich jedoch seine Aussagen der Verifikation bzw. der Falsifikation, da seine Denkhaltung notwendigerweise philosophisch wird.

Soweit sich der Rechtstheoretiker auf überprüfbare, im Sinne einer verwissenschaftlichten Primärerfahrung entsubjektivierte Deskriptionen des positiven Rechts beschränkt, in denen er seine gleichsam vergeistigten Erfahrungen als Rechtswissenschaftler zum Ausdruck bringt,

---

[39] *Stammler*, ARSP XXXV (1942), S. 648.
[40] Dazu und zum folgenden: *Gehlen*, Arnold, Urmensch und Spätkultur, Philosophische Ergebnisse und Aussagen, 1956, S. 16 f.
[41] Dazu: *Schelsky*, Ortsbestimmung, S. 81.

gelangt er auf der Grundlage empirisch gewonnener Funktionseinsichten in die Wirkweise[42] des positiven Rechts zu funktionsbezogenen Rechtsbegriffen. Seine zunächst hypothetischen Aussagen, die den Charakter des positiven Rechts jeweils in Teilaspekten betreffen, müssen einer Überprüfung unterzogen werden, in der ihr Gehalt verifiziert bzw. falsifiziert wird. Ziel der abschließenden Verarbeitung und Zusammenfassung der auf diese Weise gewonnenen Teileinsichten in den Charakter positivrechtlicher Regelungen muß es sein, zu einer Funktionstheorie des positiven Rechts zu gelangen.

Sofern der Rechtstheoretiker sich seiner eigenen Introspektion bedient, ist er stets auch den Gefahren ausgesetzt, die eine introspektive Methode mit sich bringt[43]. Er unterliegt damit notwendigerweise gewissen Beschränkungen. Immer bleibt der Rechtstheoretiker als fragendes Subjekt in die „dialektische Identität von Subjekt und Objekt" eingeschlossen, da die Rechtsordnung einen Teil der Wirklichkeit bildet, in die er existentiell eingefügt ist. Wie Hermann *Heller* bemerkt hat, kann daran auch „ein erkenntniskritisches Übermenschentum" nichts ändern[44]. Selbst wenn dieses Übermenschentum das Zauberstück vollbrächte, sich „zum reinen, willensentbundenen Erkenntnissubjekt zu konstituieren und sich so am eigenen Münchhausen-Schopfe aus dieser Wirklichkeit hinauszuhalten", kann dieses „außer der Wirklichkeit hockende Gespenst die Wirklichkeit eben nicht mehr als das erleben und denken, als was sie nur vom wirklichen, d. h. eben auch willentlich erlebenden und denkenden Menschen gedacht werden kann: als Wirklichkeit".

---

[42] Mit den Wirkungen des Rechts im Bereich des sozialen Daseins befaßt sich die Rechtstheorie infolge ihrer gegenständlichen Beschränkung nicht in eigener Zuständigkeit, sondern sie übernimmt die Funktionseinsichten weitgehend von anderen Disziplinen, denen insoweit die Rolle von Hilfswissenschaften zufällt. Von besonderer Bedeutung sind die Einsichten, die von der Soziologie, insbesondere der Rechtssoziologie, der Sozialpsychologie und den Wirtschaftswissenschaften erarbeitet werden.

[43] Dazu: *Brusiin*, Otto, Über das juristische Denken, 1951, S. 47 f.

[44] Dazu und zum folgenden: *Heller*, Hermann, Staatslehre, 1934, S. 26.

Ansätze eines dynamisch-funktionalen Denkens

§ 4 Der Begriff der Funktion

In vielen wissenschaftlichen Disziplinen wird das Wort *Funktion* verwendet, ohne näher definiert zu werden. Der Begriff der Funktion wird offensichtlich als so grundlegend angesehen, daß er — wenigstens auf den ersten Blick — einer Definition nicht zu bedürfen scheint. Im Hinblick auf dieses schon vorhandene Vorverständnis des Funktionsbegriffs ist bislang von der Funktion des Rechts und einer funktionalen Rechtstheorie die Rede gewesen. Gerade weil es hier um die Funktion des positiven Rechts geht, empfiehlt es sich jedoch, dem wissenschaftlichen Sprachgebrauch nachzugehen. Dabei zeigt sich, daß der Begriff der Funktion keineswegs eindeutig ist. Es lassen sich im wesentlichen drei verschiedene Aspekte unterscheiden, die bereits in der Bedeutung[1] des Wortes Funktion zum Ausdruck gelangen. Im Lateinischen bedeutet functio Verrichtung. Eine solche erfolgt regelmäßig in einem gewissen Beziehungszusammenhang, im Hinblick auf etwas. Daher meint Funktion einerseits *Tätigkeit* als die auf die Erreichung eines bestimmten Zweckes gerichtete Verrichtung, andererseits aber auch die Zweckbestimmung dieser Tätigkeit als solche, die mit einer Tätigkeit zu erfüllende *Aufgabe* und die in der Erfüllung dieser Aufgabe durch die Tätigkeit liegende *Leistung*. In dem Wortsinn von „Leistung" wird vor allem die zur Erfüllung einer bestimmten Aufgabe zweckdienliche Leistung verstanden, deren Zweckdienlichkeit sich gerade aus der Aufgabe ergibt und an dieser Aufgabe gemessen wird.

Im wissenschaftlichen Sprachgebrauch ist der Begriff der Funktion im letzten Viertel des 19. Jahrhunderts eingehend erörtert worden und seither vor allem den angelsächsischen Sozialwissenschaften als „instrument of interpretation and explanation" geläufig[2]. Wissenschaftliches Denken ist als Funktionsdenken „a temporal perspective", in welcher das Leben des Menschen nicht als „eternal substance", sondern als

---

[1] Zur semantischen und pragmatischen Beziehung der Zeichen einer Sprache: *Kraft*, Victor, Erkenntnislehre, 1960, S. 36 ff., 41 f., 43, 56.

[2] Vgl. dazu: *Kallen*, Horace M., Functionalism, in: Encyclopaedia of the Social Sciences, Vol. Five, 1953, S. 523—26.

„sequence of events" begriffen wird[3]. Nachdrücklich ist „the functional approach" dem Substanzdenken[4] der philosophischen Tradition entgegengesetzt worden, „to stress relations and activities as against terms and substances, genesis and development as against intrinsic character, transformation as against continuing form, dynamic pattern as against static organization"[5]. Die „Unterscheidung von Substanz- und Funktionsdenken" wird geradezu als „Ausdruck einer tieferen Dialektik" angesehen[6]. Der Begriff der Funktion stellt „the principal tool of scientific explanation and interpretation" *(Kallen)* dar.

Da etwaige Gemeinsamkeiten einer funktionalen Betrachtung für den hier angestrebten rechtstheoretischen Denkansatz von Bedeutung sind, erscheint es geboten, wenigstens kursorisch der Bedeutung des Funktionsbegriffs in anderen wissenschaftlichen Disziplinen nachzugehen. In der Tat zeigt die Deutung des Funktionsbegriffs durch die einzelnen wissenschaftlichen Disziplinen[7] eine weitgehende Übereinstimmung. Wie die Biologie ein Zusammenspielen der Lebenseigenschaften einer Pflanze mit ihrer Umwelt kennt, ist der Medizin die Tatsache geläufig, daß der Bau des Körpers in gewisser Weise den an ihn gestellten Leistungsanforderungen entspricht und daß es bei deren Veränderung zum Abbau, zur Vergrößerung oder Neuerstellung von Strukturen kommen kann[8]. In der Psychologie ist durch den von William *James* begründeten Funktionalismus dargelegt worden, „that conscious pro-

---

[3] *Kallen,* S. 523: "The classic tradition ... referred the chances and changes ... to necessary law and immutable substance. It demonstrated every change as an expression of changelessness, every activity as a manifestation of substance. Thus it treated ... of nature as substance, as eternal idea or form, unmoved and unmoving in itself but the cause of the motion of all moving things". "Reason, art, society, salvation are each und all projections or exemplifications of that single order amid the chaos of events."

[4] Vgl. dazu: *Cassirer,* Ernst, Substanzbegriff und Funktionsbegriff. Unterscheidungen über die Grundfragen der Erkenntniskritik, 1923; *Mahnke,* Dietrich, Die Entstehung des Funktionsbegriffs, Kant-Studien 31 (1926), S. 426—28. — Mit Recht ist neuerdings darauf hingewiesen worden, daß in den Kategorien der Funktionalität bereits gedacht wurde, lange bevor es den Begriff der Funktion gab. Dazu: *Rombach,* Heinrich, Substanz, System, Struktur. Die Ontologie des Funktionalismus und der philosophische Hintergrund der modernen Wissenschaft, 1965 S. 11.

[5] *Kallen,* a.a.O.

[6] *Lehmann,* Gerhard, Substanz- und Funktionsbegriff in der Soziologie, Archiv für angewandte Soziologie 1930/31, S. 223—41, 223 f.: „Nicht die Soziologie allein, sondern auch die Rechts- und Staatswissenschaft, die Nationalökonomie, die Psychologie und andere Geisteswissenschaften sind von dieser Dialektik betroffen, während sie in den Naturwissenschaften zwar auch vorhanden ist, aber in ihnen eine ganz andere Gestalt besitzt."

[7] Vgl. dazu: *Heim,* K., Die Unterscheidung zwischen Erscheinungen und Funktionen als Grundlage für die Einteilung der Wissenschaften, Kant-Studien 14 (1909), S. 484—90.

[8] Dazu Artikel: Funktion, in: Schweizer Lexikon, 3. Bd., 1946, S. 727—29.

cesses, like organic activities appear and function in response to the needs of the total organism in achieving a more adequate adjustment to its environment", „that mental functions develop in response to the organism's needs"[9]. Später ist „the functional point of view" auch auf die Erscheingungen des sozialen und ökonomischen Bereichs ausgedehnt worden[10]. Funktionen werden hier verstanden als „events going on", als „operations of bodily needs and instrumental uses of objects which constitute their cultural character"[11]. Funktionen sind als diese nicht erfahrungsjenseitig, sondern „contents of direct experience, susceptible to observation and analysis". Damit wird auch eine funktionale Architektur möglich[12]. In Physik und Mathematik[13] wird eine Größe dann als die Funktion einer anderen angesehen, wenn sie sich bei und infolge der Veränderung der letzteren in bestimmter Weise selbst ändert[14]. Anders als in den übrigen Wissenschaften, wo der Funktionsbegriff vornehmlich zur Darstellung und Kennzeichnung einzelner Vorgänge, Tätigkeiten und Leistungen dient, wird er hier zur Aufstellung funktionaler Gesetze verwandt und bringt Abhängigkeitsverhältnisse zum Ausdruck. Die Umformung — etwa in eine mathematische Funktion — kann jedoch nicht darüber hinwegtäuschen, daß auch hier die

---

[9] Vgl. *Bills*, Arthur Gilbert, Functional Psychology, in: Encyclopaedia Britannica, Vol. 18, 1951, S. 714; *Boring*, Edwin Garrigues, Functionalism, ebd. S. 675; *Dorsch*, Friedrich, Psychologisches Wörterbuch, 6. Aufl., 1959, S. 113 (zum Begriff der Funktion); *Vanicelli*, Luigi, Funzionalismo, in: Enciclopedia Cattolica V, 1950, S. 1808—11. — Ferner: *Angell*, James Rowland, Functionalism, in: The Encyclopedia Americana, Vol. XII, 1950, S. 160—62, der zutreffend bemerkt: "From this point of view mind and body are not so much two distinct entities as they are stages of aspects of the general process of vital accommodation to environment." (161).

[10] Dazu bereits: *Lion*, Leverett S., A functional approach to Social-Economic Data, Journal of Political Economy 1920, S. 529—64; *Radcliffe-Brown*, A., On the concept of function in social life, Amer. anthrop., 1935, S. 394—402. — Vgl. auch neuerdings: *van den Berghe*, Pierre L., Dialectic and Functionalism: Toward a Theoretical Synthesis, ASR 1963, S. 695—705; *Fallding*, Harold, Functional Analysis in Sociology, ASR 1963, S. 5—13; *Dore*, Ronald Philip, Function and Cause, ASR 1961, S. 843—53; *Cancian*, Francesca, Functional Analysis of Change, ASR 1960, S. 818—27; *Hempel*, Carl G., The Logic of Functional Analysis, in: Llewellyn Gross (ed.), Symposium on Sociological Theory, 1959, S. 271—307.

[11] *Kallen*, S. 525: "Seen functionally, religion, the arts and sciences become reduced to specific habits, materials, meanings, activities, within the context of cultural situation, and the forms and structures of such cultural objects become derivatives, concretions or deposits of the dynamic relations in play."

[12] *Kallen*, S. 525: "Functional architecture is construction whose forms arises out of the uses for which it is intended and reenforces and is reenforced by those uses."

[13] *Curtiss*, David Raymond, Function, in: Encyclopaedia Britannica, Vol. 9, 1951, S. 915—21, 915 bestimmt den Begriff der Funktion in der Mathematik als „a variable whose values are determined by those of one or more other variables".

[14] Dazu und zum folgenden: *Bochenski*, S. 115 f. So ist z. B. die Geschwindigkeit eines fallenden Körpers eine Funktion seiner Fallzeit.

„Größen einer Art in gewisser Weise den Größen der anderen Art zugeordnet sind" und daß im Grunde „funktionale Gesetze nur eine komplizierte Form der Bedingungsgesetze" darstellen.

Der Begriff der Funktion wird somit durchläufig als Bezugsbegriff charakterisiert. Als solcher ist er das Ergebnis einer spezifischen Perspektive, nämlich der funktionalen, auf Wirkweisen gerichteten Betrachtung. Er dient als Mittel zur Darstellung und Interpretation des Einflusses, unter dem eine Variable steht, wenn Leistungsanforderungen an sie gestellt werden. Der Funktionsbegriff orientiert sich an der Relation zwischen der Variablen und ihrem Relat, an der im Zeitablauf ersichtlichen Wirkung, ohne die Variable selbst in eine Substanz umzudeuten.

Die Beziehungsbedeutung des Begriffs der Funktion legt — inbesondere für eine an dem Vorbild der Naturwissenschaften orientierte Betrachtung — den Vergleich mit einem Kräftefeld und den in ihm waltenden Abhängigkeiten nahe. Im Ausgang von solchen, den Naturwissenschaften entlehnten Vorstellungen hat sich die rechtswissenschaftliche Diskussion des Funktionsbegriffs[15] bereits in den 30er Jahren mit verstärkter Intensität den im äußeren Daseinsbereich durch das Recht ausgelösten Wirkungen zugewandt. Im Hinblick auf die Funktion und Wirkung der Rechtsnormen hat *Bott-Bodenhausen* gefordert, an die „Stelle des rechtlichen Seinsbegriffs soll(e) der Wirkungsbegriff" treten, da die „Funktion ... das Körperhafte" verdränge. Zu werten seien „nicht Person und Sache, sondern die ihnen innewohnnende Dynamik"[16]. Auch *Schmelzeisen* hat sich gegen ein körperhaftes Verständnis der Rechtsbegriffe gewandt[17], das „mit diesen Körpern als mit feststehenden Größen" rechnet und sie nicht weiter zergliedert, während doch gegenüber „dem Wirkungselement der Norm ... der Begriff seine Allmacht einbüßen" müsse. Es gelte, „diese juristischen

---

[15] In der Rechts- und Staatsphilosophie ist die Auseinandersetzung zwischen Substantialismus und Funktionalismus zugunsten eines Funktionsbegriffs des Rechts von *Stammler, Binder, Kelsen* u. a. geführt worden mit dem Ziel, den ontologischen Dingbegriff durch den Relationsbegriff zu ersetzen in der Überzeugung, daß der Gegenstand der Erkenntnis nicht an sich gegeben ist, sondern in gedanklichen Operationen kontinuierlich erzeugt wird, d. h. „den jeweilig verschiebbaren Haltepunkt im Verfahren der Wissenschaft" darstellt, „dessen endgültige Bestimmung damit zur unendlichen, nie erreichbaren Aufgabe wird". Vgl. dazu *Marck*, Siegfried, Substanz- und Funktionsbegriff in der Rechtsphilosophie, 1925, S. 1 ff., 7 und passim. Zum Rechtsrelationismus schon: *Löwenstein*, Alfred, Der Rechtsbegriff als Relationsbegriff, 1915.

[16] *Bott-Bodenhausen*, bes. S. 17, 22, 119 ff.

[17] *Schmelzeisen*, Gustav Klemens, Die Überwindung der Starrheit im neuzeitlichen Rechtsdenken, 1933, S. 11 ff.; ds., Relativität, S. 38—60, 43, ds., Vom deutschen Recht und seiner Wirklichkeit, 1933, S. 46 f.

Atome zu zertrümmern und sie gleich der neuzeitlichen Physik in Funktionen aufzulösen". Erst nach der „Zertrümmerung und Funktionalisierung des bislang als unterste Einheit aufgefaßten Besitzbegriffs-Atoms" könne man „wie der Naturwissenschaftler" sagen, daß das Urteil, es handele sich um Besitz, weiter nichts bedeute als: „Hier spielen sich bestimmte Vorgänge ab." Daher hat Schmelzeisen die den Besitzbegriff verwendenden Normen des BGB „nach den von ihnen gelösten Spannungsverhältnissen" unterschieden und bemerkt: „Diese Spannungsverhältnisse nenne ich Funktionen[18]."

Das Verhältnis zwischen Recht und sozialer Wirklichkeit erscheint frag-würdig. *Müllereisert* hat die Rechtswirklichkeit „in ihrer Totalität als Kraftäußerung der menschlichen sozialen Krafteinheit" angesehen, und *Glungler* hat die Bedingtheit allen positiven Rechts durch das Leben dahingehend gekennzeichnet, das Recht sei eine „Funktion des Lebens"[19]. Dieser These Glunglers ist freilich hinzuzufügen, daß das soziale Leben zugleich auch eine Funktion des Rechts ist, weil das Recht menschliches Verhalten determiniert. In dem Bestreben, das Recht lebensnah zu gestalten, hat *Swoboda* seine „Anpassung an die Bedürfnisse des modernen Wirtschaftslebens" gefordert[20]. Die wechselseitige Bedingtheit von Recht und sozialer Wirklichkeit tritt uns heute besonders deutlich im modernen Wirtschaftsrecht vor Augen, gilt aber nicht nur für dieses, sondern für das Recht allgemein. Freilich darf diese Bedingtheit zwischen Recht und sozialer Wirklichkeit allenfalls in Analogie zu biologischen, organologischen u. ä. Vorstellungen gedacht werden und auch das nur mit Vorbehalt, weil das Recht stets ein „Erzeugnis des bewußten und gestaltenden, des planenden und zwecksetzenden Willens" ist[21].

Dem modernen Verständnis des Rechts ist *Mitteis* sehr nahe gekommen, wenn er bemerkt, es komme nicht „auf die Substanz, sondern auf die Funktion der Rechtssätze" an[22]. Er trifft sich dabei mit der Forderung *Schnorr von Carolsfelds*, nach dessen Auffassung der Blick „auf das Dynamische gerichtet sein" muß. Für ihn sind die der Begriffsbildung dienenden Gemeinsamkeiten „mehr nur der Effekt des Seien-

---

[18] *Schmelzeisen*, Rechtsdenken, S. 12.
[19] Vgl. *Müllereisert*, Franz Arthur, Rechtsphilosophie, 1934, S. 20; *Glungler*, Wilhelm, Prolegomena zur Rechtspolitik, 1931, Bd. I, S. 118. — Vgl. dazu auch: *Maiwald*, Serge, Das Recht als Funktion gesellschaftlicher Prozesse, ARSP XL (1952/53), S. 55—83.
[20] *Swoboda*, Ernst, Die Neugestaltung des bürgerlichen Rechts, 1935, S. 60.
[21] *Dahm*, Georg, Deutsches Recht. Die geschichtlichen und dogmatischen Grundlagen des geltenden Rechts, 2. Aufl., 1963, S. 18.
[22] Vgl. *Mitteis*, Heinrich, Lehnrecht und Staatsgewalt, 1933, S. 8: „An Stelle der ‚statischen' Betrachtung der Staatseinrichtungen in der Ruhelage ist die ‚dynamische' Betrachtung ihres Zusammenspiels" getreten.

den, weniger im Seienden selbst zu suchen"[23]. Diese Teileinsichten zusammenfassend konnte *Fehr* daher resümieren: „Das dynamische Recht ist das funktionale Recht. Es stellt ab auf die Wirkung. Es formt seine Sätze und Begriffe nach den Funktionen, die sie zu erfüllen haben und nach den Wirkungen, die sich daraus ergeben. Man kann es in diesem Sinne Wirkungsrecht nennen[24]."

In dieser Aufnahme des Funktionsbegriffs durch die Rechtswissenschaft ist schon die Einsicht enthalten, daß es sich bei einer dynamischfunktionalen Betrachtung des Rechts um eine bestimmte Form des theoretischen Zugangs zum positiven Recht handelt, freilich ohne eine volle Entfaltung und systematische Durchführung dieses Gedankens. Auch die sonstigen Elemente zur näheren Bestimmung des Funktionsbegriffs sind vorhanden, lassen jedoch den Zusammenhang vermissen, den erst ein konsequent durchgeführtes funktionales Rechtsdenken sichtbar macht. Angesichts der tiefgreifenden Umorientierung des Rechtsdenkens kann es nicht verwundern, wenn vielfach die herkömmliche statische und die dynamisch-funktionale Denkhaltung miteinander vermengt werden, ohne daß sich die Autoren dessen bewußt sind. Die Bedeutung derartiger Beiträge liegt in dem Versuch, durch die von einem funktionalen Denken vermittelte Ordnung zur gedanklichen Beherrschung einer immer mannigfaltiger und unübersehbarer werdenden Rechtsordnung beizutragen.

Der funktionale Aspekt des positiven Rechts stellt ein Rechtsphänomen dar, das von der Rechtswissenschaft in eigener Zuständigkeit zu bearbeiten ist. Da jedes Gesetz — indem es den Menschen bestimmte Handlungen gestattet, gebietet oder verbietet — zum menschlichen Leben Stellung nimmt und damit in einen bestimmten funktionalen Bezug zur menschlichen Daseinsordnung tritt, darf die Rechtswissenschaft diese Bezogenheit allen Rechts auf die soziale Wirklichkeit nicht als metajuristisch oder gar rechtlich irrelevant ausschließlich anderen Disziplinen überlassen. Bislang sind freilich die vorhandenen Ansätze einer dynamisch-funktionalen Rechtsbetrachtung durch die Rechtswissenschaft nicht mit der für eine systematische Durchdringung erforderlichen Distanz gegenüber rechtsdogmatischen Einzelproblemen in grundsätzlicher Hinsicht und in einer die Teilgesichtspunkte zusammenfassenden Bearbeitung fortentwickelt worden.

---

[23] *Schnorr von Carolsfeld*, Ludwig, Die Notwendigkeit neuer Begriffsbildung im bürgerlichen Recht, DJZ 1935, Sp. 1475 f.

[24] *Fehr*, Fortschritte, S. 31 f. — Obwohl Fehrs Unterscheidung zwischen dynamischem und statischem Recht — wie oben § 3 S. 31 ff. dargelegt wurde — grundsätzlichen Bedenken unterliegt, ist seine auf die Funktion der Sätze und Begriffe abstellende Betrachtung richtungweisend.

Angesichts dieser Abstinenz der Rechtswissenschaft gegenüber ihren eigenen Aufgaben begegnen die Beiträge anderer Disziplinen zu diesem Problem besonderem Interesse. Mit Recht hat *Sherwood* hervorgehoben, „from the functional point of view" stelle sich das Recht (law) als „one among several methods for resolving differences among men"[25] dar, als „one among several instruments of social control"[26]. Den unzweifelhaft rechtlichen Aspekt dieser Betrachtung hat Sherwood erkannt und die Politische Wissenschaft auf die ihr drohende Möglichkeit hingewiesen, „that all political phenomena may be viewed as potential or actual legal phenomena".

Als ein Mittel sozialer Kontrolle[27] neben anderen erweist sich das Recht als auf den außerrechtlichen Normensystemen unserer Daseinswelt aufruhend[28]. Wer allerdings das Recht ausschließlich als von außen her kraft Setzung auferlegt denkt — und die Definition des Rechts als einer äußeren Regelung menschlichen Verhaltens begünstigt ein derartiges Mißverständnis — wird „am Phänomen der Regelung nur den Zwang" erblicken[29] und leicht geneigt sein zu übersehen, daß „soziales Dasein durch und durch geregelt ist, und zwar im Sinne einer immanenten, das soziale Dasein durchwaltenden Regelung", in der überhaupt „soziale Kontrolle ein wesentlicher Bestandteil" ist[30]. „Was den sozialen Zusammenhang aufbaut, wehrt gleichzeitig abweichendes Verhalten ab." Daher ist schon von Charles H. *Cooley* soziale Kontrolle als eine Selbstkontrolle aufgefaßt worden, die aus dem eigenen Organisations- und Schöpfungsprozeß der Gesellschaft erwächst[31]. Gegenüber anderen Arten und Formen sozialer Kontrolle unterscheidet sich das positive Recht nicht nur durch seine spezifische Form, sondern auch dadurch,

---

[25] *Sherwood*, Foster H., The Role of Public Law in Political Science, in: Roland *Young* (Ed.), Approaches to The Study of Politics, 1958, S. 86—96, bes. S. 91.

[26] *Sherwood*, S. 92.

[27] Dazu und zum folgenden: *König*, René, Artikel: Soziale Kontrolle, in: Soziologie, 1958, S. 253—57.

[28] Vgl. auch: *Stone*, Julius, The Province and Function of Law, 1950, bes. S. 571 ff. (mit weiteren Schrifttumsnachweisen); *Pound*, Roscoe, Social Control through Law, 1942, passim.

[29] Gegen die nominalistische Vorstellung vom Recht als einer Zwangsordnung wendet sich *Arndt* mit dem Bemerken, Recht werde gelebt und sei „ein Geschehen, das sich tagtäglich tausendfältig vollzieht, weil freie Menschen es sich freiwillig zur Regel machen und es lieben, rechtlich zu handeln". Er bekennt sich zu der Auffassung, daß „die Freiwilligkeit, mit der Menschen sich eine Ordnung zu eigen machen, diese Ordnung zu der Würde erhebt, mehr als Ordnung, mehr als Gebot, vielmehr — Recht zu sein". Vgl. *Arndt*, Adolf, Rechtsdenken in unserer Zeit, RuS H. 180 (1955), S. 6 f., 8 ff.

[30] Dazu *König*, Kontrolle, S. 255 f.

[31] Vgl. auch *Cicala*, F. B., Corso di Filosofia del diritto, 1948, S. 286 f., der das Recht als „un campo speziale del mondo dello spirito, dell' attività spirituale o della cultura" bezeichnet.

daß diese Kontrolle institutionalisiert und mit einem organisierten Machtapparat ausgestattet ist[32]. Mit diesem Verständnis des Rechts als einer Art und als einer besonderen Form sozialer Kontrolle, die als solche aus der Gesellschaft selber erwächst, ist zugleich ein Ansatz zur Überwindung des unfruchtbaren Dualismus von Sein und Sollen gewonnen. Recht als soziale Kontrolle gewinnt zusätzliche Effizienz durch ein institutionalisiertes und organisiertes System von Gerichten, die den Rechtsschutz gewährleisten. Dieses System beruht darauf, die Lebenswirklichkeit — gleichsam durch die Brille des Rechts — als in bestimmter Weise geordnet sein sollend zu betrachten und jedes tatsächliche Abweichen von dieser gesollten Ordnung mit spezifischen Sanktionen[33] zu belegen. Dem Staat und seinen Organen kommt dabei die Rolle einer Ordnungsinstanz neben zahlreichen anderen zu[34].

Für die „Wirkung des Rechts auf seinen Gegenstand" gibt es ein „Optimum, dessen Ermittlung eine genaue Kenntnis der Funktion des Rechts in den einzelnen Sachbereichen voraussetzt"[35]. Es ist nicht Aufgabe der Rechtswissenschaft, die Bedingungen für die optimale Effizienz einer Rechtsregel zu ermitteln. Sie muß sich jedoch des funktionalen Charakters des positiven Rechts als solchen theoretisch bemächtigen, wenn sie ihre Aufgabe als Rechtswissenschaft nicht verfehlen will. Indem die Rechtstheorie die Bezogenheit des positiven Rechts auf konkrete Lebensverhältnisse, die funktionale Bedeutung von Rechtsregeln, als ihr eigenes theoretisches Problem aufnimmt und derart die eigene Zeit in ihr Blickfeld einbezieht, wird sie als Wissenschaft „nicht zur dienstbeflissenen Steigbügelhalterin, sondern zur selbstmächtigen Beraterin"[36].

---

[32] *König*, Kontrolle, S. 257 weist nachdrücklich darauf hin, soziale Kontrolle habe „nichts zu tun ... mit den anderen Formen der Kontrolle, die wir etwa aus dem Bereich der Wirtschaft oder der Politik (pressure groups) kennen", sondern sei „ein zentraler Bestandteil aller Prozesse der sozialen Integration". Sie finde sich in dieser Funktion „sowohl in primitiven (Religion, Magie) wie in komplexen Gesellschaften".

[33] Zur objektiven Struktur der Sanktion und ihrer subjektiven Wirkungsweise: *Barth*, Hans, Die Idee der Sanktion bei Jeremy Bentham und Pierre-Joseph Proudhon, in: Die Idee der Ordnung, 1958, S. 176—195, bes. S. 177 ff.

[34] Zum Verhältnis des Rechts gegenüber dem Staat vgl. *Cicala*, S. 216: „Lo Stato non è unum et idem col diritto, ed il diritto non è unum et idem con lo Stato, non è tutto lo Stato, ma è solo il momento formale della organizzazione statale."

[35] *Krüger*, Herbert, Rechtsstaatliche Gesetzgebungstechnik, DÖV 1956, S. 550—55, 550 f.

[36] *Litt*, Theodor, Die wissenschaftliche Hochschule in der Zeitwende, 1958, S. 457.

§ 5 Eigentum und Enteignung als rechtliche Funktionsbegriffe

Auch im Sprachgebrauch der rechtswissenschaftlichen Dogmatik wird der Begriff der Funktion regelmäßig ohne nähere Definition gebraucht. Wenn im folgenden dem funktionalen Aspekt zweier Rechtsinstitute von zentraler Bedeutung — des Eigentums und der Enteignung — nachgegangen wird, dann nicht, um zu irgendwelchen rechtsdogmatischen Fragen Stellung zu nehmen. Mit der Darstellung des funktionalen Aspekts von Eigentum und Enteignung wird vielmehr das rechtstheoretische Anliegen verfolgt, die Funktion der Rechtsbegriffe zu verdeutlichen und damit zur Erkenntnis der Funktion des Rechts beizutragen. Besondere Beachtung verdient dabei die Denkweise, in der Autoren, welche die Funktion von Eigentum und Enteignung erörtern, sich ihres Gegenstandes vergewissern.

Bei der Frage nach der Funktion der Rechtsbegriffe Eigentum und Enteignung ist zwischen dem Subjekt des Eigentumsrechts, dem Eigentumsrecht selbst und dem Eigentumsobjekt zu unterscheiden, an dem sich das Eigentumsrecht entfaltet. Dementsprechend kann sich der Begriff der Funktion auf das Subjekt des Eigentums, auf das Eigentumsrecht oder auf das Eigentumsobjekt beziehen. Das Subjekt des Eigentumsrechts hat — rechtstechnisch gesehen — lediglich die Funktion, als Rechtssubjekt zu dienen[1], d. h. als Träger des Eigentumsrechts. Problematisch ist jedoch die Funktion des Eigentumsrechts und der Eigentumsobjekte, auf die sich dieses Recht bezieht.

Wie *Forsthoff* dargelegt hat, gibt es „keinen absoluten Begriff des Eigentums"[2]. Der Eigentumsbegriff wird erst durch seine Ausformung in der Rechtsordnung praktikabel und ist insoweit ein Kind der Rechtsordnung. In der Erstreckung der verfassungsrechtlichen Eigentumsgarantie auf Vermögensrechte überhaupt[3] dokumentiert sich — wie Forsthoff an anderer Stelle dargelegt hat — die gewandelte Vorstellung von dem, was dem Menschen unter den gegenwärtigen Bedingungen kraft eines vom Staat respektierten Rechts als von ihm „beherrschter Lebensraum" derart zugeordnet ist, daß er sich als dessen Herr gerieren kann[4]. Die verfassungsrechtliche Eigentumsgarantie erstreckt

---

[1] *Marck*, S. 105.

[2] *Forsthoff*, Ernst, Lehrbuch des Verwaltungsrechts, 1. Bd., 8. neubearbeitete Aufl., 1961, S. 299.

[3] Diese Garantie wird neuerdings sogar auf das geistige Eigentum erstreckt. Vgl. dazu: *Hubmann*, Heinrich, Geistiges Eigentum, in: *Bettermann-Nipperdey-Scheuner*, Die Grundrechte, 4. Bd./1. Halbb., 1960, S. 1—36, bes. S. 5 f., 13 ff. — Art. 14 GG gewährleistet als konkretes Einzeleigentum auch „die vermögensrechtliche Beziehung des geistig Schaffenden zu seinem geistigen Erzeugnis" (S. 14).

[4] *Forsthoff*, Ernst, Verfassungsprobleme des Sozialstaates, 1954, S. 6.

sich nicht nur auf das Eigentum als Rechtsinstitut, sondern auch auf das gegenständliche konkrete Eigentum in seinen jeweiligen spezifischen Funktionen. Ein derartiges Verständnis setzt voraus, daß die jeweiligen Gegenstände des Eigentumsrechts, an denen sich die rechtliche Befugnis im Einzelfalle entfaltet, in der sozialen Wirklichkeit spezifische Funktionen zu erfüllen haben. Das Eigentumsverhältnis stellt insoweit ein konkretes Herrschaftsverhältnis dar. Das Eigentumsrecht beinhaltet die Befugnis, andere von der Kontrolle über den Eigentumsgegenstand in seiner Funktion auszuschließen[5]. Folgerichtig ist deshalb die Funktion des Eigentums(rechts) in der „Daseinssicherung" und „Daseinsstabilisierung" erblickt worden[6]. Demgegenüber haben die einzelnen Eigentumsobjekte „die Funktion, dem Menschen (diejenigen) Dienste zu leisten, zu welchen ihre Eigenschaften sie befähigen"[7].

Auf der Grundlage eines funktional verstandenen Eigentumsbegriffs kann auch der korrespondierende Begriff der Enteignung näher bestimmt werden. Rechtstechnisch gesehen, hat der Enteignungsbegriff im Rahmen des verfassungsmäßigen Eigentumsschutzes „nur noch die Funktion ..., alle Merkmale in sich aufzunehmen, nach denen die entschädigungsfreien und die entschädigungspflichtigen Eingriffe in die individuelle Vermögenssphäre voneinander zu scheiden sind"[8]. Von einigen Autoren wird die Abgrenzung zwischen entschädigungfreiem und entschädigungspflichtigem Eingriff in Orientierung an der Funktion bzw. dem konkreten Verwendungszweck des betroffenen Eigentumsobjekts vorgenommen.

Im Hinblick auf die konkreten Eigentumsobjekte, an denen sich das Eigentumsrecht entfaltet, geht *Reinhardt* davon aus, daß dem einzelnen Eigentumsobjekt „jeweils eine bestimmte Funktion zukommt" und daß grundsätzlich derjenige „Nutzungstatbestand", „der nach der heutigen Gestaltung der Verhältnisse schon seine Konkretisierung erfahren hat", auch erhalten bleiben soll[9]. Staatliche Zugriffe auf ein Eigentumsobjekt, welche die Nutzung lediglich im Rahmen einer „funktionsgerechten Verwendung"[10] beschränken, sind entschädigungslos hinzunehmen. Nur dann, wenn sich der konkrete „Tatbestand bestimmter

---

[5] Vgl. dazu: *Dahrendorf*, Ralf, Soziale Klassen und Klassenkonflikt in der industriellen Gesellschaft, 1957, S. 139.

[6] *Callies*, Rolf-Peter, Eigentum als Institution, 1962, S. 119, 121.

[7] *Callies*, S. 125.

[8] *Forsthoff*, Lehrbuch, S. 297 f.

[9] *Reinhardt*, Rudolf, Wo liegen für den Gesetzgeber die Grenzen, gemäß Art. 14 des Bonner Grundgesetzes über Inhalt und Schranken des Eigentums zu bestimmen?, in: Verfassungsschutz des Eigentums, 1954, S. 1—62, 21.

[10] *Reinhardt*, S. 46 f.

Nutzungsmöglichkeit nicht aufrechterhalten" läßt und „höheren Gesichtspunkten des Gesamtinteresses" weichen muß, liegt eine entschädigungspflichtige Enteignung vor[11]. Ähnlich stellt für E. R. *Huber* der staatliche Zugriff auf das Eigentumsobjekt, welcher es seinem konkreten Zweck zuführt oder doch zumindest erhält, lediglich eine entschädingungslose Eigentumsbeschränkung dar[12]. Wird hingegen das Eigentumsobjekt „aus dem bisherigen Zusammenhang" gelöst und ganz oder teilweise dem konkreten Zweck, dem es bislang diente, entzogen, so liegt eine entschädigungspflichtige Enteignung vor. Die Enteignung ist stets eine „Änderung des Verwendungszwecks des enteigneten konkreten Objekts", sei es, daß das Eigentumsobjekt „unter Aufrechterhaltung seiner bisherigen Verwendungsart einem neuen Eigentümer zugewiesen wird", sei es, daß es „überhaupt einem anderen Verwendungszweck zugeführt wird".

Die von *Reinhardt* und E. R. *Huber* vorgenommenen Abgrenzungen sind — ganz abgesehen von rechtsdogmatischen Details, auf die hier nicht eingegangen werden kann — theoretisch insofern bedeutsam, als der Versuch gemacht wird, die Rechtsbegriffe Eigentum und Enteignung als Funktionsbegriffe zu bestimmen. Sie entsprechen der Forderung *Scheuners*, bei der Interpretation der Verfassungsgarantie des Art. 14 GG eine „funktionale Auslegung" vorzunehmen[13].

Die Ausgestaltung des Eigentumsbegriffs bedarf unter den Bedingungen der industriellen Gesellschaft einer Neuorientierung an dem, worauf der Begriff bezogen ist. Ausschlaggebend ist dabei nicht mehr die Orientierung am Gegenstande selbst (d. h. an dem realen Grundstück, der Sache usf.), sondern an dem, wozu dieser Gegenstand sich verwenden läßt und verwandt wird, an den Beziehungen, in denen er von Menschen als Mittel eingesetzt wird für Zwecke, die als Erfolgsvorstellungen[14] das Handeln von Menschen bestimmen. In diesem Bezugsrahmen werden die Gegenstände nicht substanzhaft vorgestellt,

---

[11] *Reinhardt*, S. 41.

[12] Dazu und zum folgenden: *Huber*, Ernst Rudolf, Wirtschaftsverwaltungsrecht, Bd. 2, 1954, S. 23—25. Zustimmend *Klein*, in: *von Mangoldt-Klein*, Das Bonner Grundgesetz, 2. Aufl., 1957, Band I, Art. 14 Anm. VII 2 mit dem Hinweis, der rechtstechnische Begriff der Enteignung gewinne „seine begriffliche Schärfe durch den Zweck der Enteignung". Vgl. ferner: *Weber*, Werner, Eigentum und Enteignung, in: Die Grundrechte, Bd. 1, 1954, S. 374 f.

[13] *Scheuner*, Ulrich, Grundlagen und Art der Enteignungsentschädigung, in: Verfassungsschutz des Eigentums, 1954, S. 71.

[14] Gemeint sind hier die Vorstellungsinhalte, nicht der psychische Prozeß, in dem diese Inhalte vorgestellt werden. Die Realisierung dieser Inhalte, d. h. die Inhalte selbst als reale, sind das Ziel menschlichen Handelns. Als vorgestellte, d. h. psychische (und also nur zeitlich bestimmte) Realität stellen sie eine gedankliche Vorwegnahme der Realität im physischen, d. h. raumzeitlich bestimmten Sinne dar.

sondern funktional, im Dienste einer konkreten Funktion stehend, auf
die hin sie konzipiert erscheinen. Die differentia specifica von Gegenständen, die als Mittel für Zwecke verwandt werden, liegt nicht in
dem, was sie ohne diese Mittel-Zweck-Relation darstellen, sondern in
der durch das Beziehungsverhältnis zwischen Zweck und Mittel begründeten Funktion, in der Leistungsquote, welche die Gegenstände
in ihrer Funktion erbringen. In diesem Sinne sind die Rechtsbegriffe
Eigentum und Enteignung als Funktionsbegriffe zu präzisieren.

Eine derartige Forderung muß mit erheblichen Widerständen rechnen, deren tiefere Gründe — wie noch darzulegen ist — im „Weltbild"
des Juristen wurzeln. In einem berühmt gewordenen Aufsatz hat
Carl *Schmitt* bereits im Jahre 1929 im Hinblick auf Art. 159 WRV
die „Ausdehnung und Auflösung des Enteignungsbegriffs" konstatiert
und sich „unter dem Eindruck einer grenzenlosen Begriffserweiterung"
dieser Entwicklung entgegengestellt[15]. Zu diesem Eindruck kam es, weil
die sog. klassische Definition des Eigentums — und dementsprechend
diejenige der Enteignung — nicht auf die Funktion der Eigentumsobjekte abstellte, sondern in naiv-gegenständlicher Betrachtung auf
die Eigentumsobjekte selbst. Demzufolge stellte sich die sog. klassische
Enteignung im Hinblick auf Grundstücke als „Entziehung und Über-
führung von Grundeigentum auf einen begünstigten Dritten" dar[16].
Dieser Enteignungsbegriff erfuhr eine Ausdehnung, als er unter Aus-
scheidung einseitig gegenstandsorientierter Merkmale auf anders-
artige Gegenstände übertragen wurde. Enteignung war nun die „son-
stige Beschaffung von dinglichen oder sonstigen Rechten zugunsten
des Staates oder eines Dritten"[17]. Auch neuerdings hat Schmitt gegen
den „allgemeinen Trend, der von der Substanz zur Funktion geht"[18],
Stellung genommen. Nach seiner Auffassung kommt es angesichts der
sich anbahnenden „Funktionalisierung" darauf an, „zu einer Differenzierung verschiedener Gegenstände des Eigentums" zu gelangen[19],
wobei dem Gesetzgeber die Aufgabe zugewiesen wird, „seinen Respekt
vor den verschiedenen Arten des Eigentums durch die Ausbildung
spezifischer Enteignungsinstitute zu bewähren"[20]. Schmitts Forderung
nach gegenständlicher Differenzierung des Eigentums und gesetzlicher
Ausgestaltung der Entziehung von Eigentum in spezifischen Rechts-
instituten setzt ein allzu substanzhaftes Verständnis von Welt voraus,

---

[15] *Schmitt*, Carl, Die Auflösung des Enteignungsbegriffs, JW 1929, S. 495
bis 498, neuerdings abgedruckt in: Verfassungsrechtliche Aufsätze, 1958,
S. 111—118 nebst ergänzenden Hinweisen des Verfassers S. 118—123.
[16] *Forsthoff*, Lehrbuch, S. 297.
[17] *Forsthoff*, Lehrbuch, S. 297 FN. 3.
[18] *Schmitt*, Aufsätze, S. 119.
[19] *Schmitt*, Aufsätze, S. 119 f., 122.
[20] *Schmitt*, Aufsätze, S. 123.

das die Gegenstände des Eigentumsrechts als etwas Beharrendes, Gleichbleibendes ansieht. Dahinter lassen sich unschwer die an römisch-rechtlichen, gleichfalls substanzhaft aufgefaßten Begriffen der persona und res orientierten Vorstellungen erkennen, die bereits *Spengler* als unzeitgemäße „juristische Statik" moniert hat. Ihr Weltbild ist ein naiv-gegenständliches, das *Engisch* als Weltbild der „alltäglichen Erfahrung", als ein „vorwissenschaftliches Weltbild" kennzeichnet, als „die Welt des modernen Kulturmenschen, wie er sie im Alltag erlebt und versteht"[21]. Obwohl Engisch dargelegt hat, „wieso und mit welchem Risiko es sich der Jurist leisten kann, die wissenschaftliche Auflösung dieses Weltbildes ... nicht mitzumachen", wird man in unserer, unter den Bedingungen der industriellen Gesellschaft stehenden Daseinswelt füglich bezweifeln dürfen, ob sich die Rechtswissenschaft heute einen derartigen Verzicht erlauben darf, ohne gleichsam abzudanken.

Wer mit Mitteln des Rechts als einer pragmatischen Technik die gegenwärtige soziale Wirklichkeit bewältigen will — und vor dieser großen Ordnungsaufgabe steht das Rechtsdenken unausweichlich —, kann sich nicht darauf verlassen, wie der moderne Mensch seine weitgehend unüberschaubar gewordene Welt „im Alltag erlebt und versteht". Die Rechtsgebiete, in denen heute noch mit einem derartigen Denken auszukommen ist, nehmen in ihrem Umfang ständig ab[22]. In der Hinwendung zu einer funktionalen Betrachtung wird die Mannigfaltigkeit des zu regulierenden Rechtsstoffs durch ein Rechtsdenken in Angriff genommen und bewältigt, das nicht mehr naiv-gegenständlich orientiert ist, sondern beim Vorausentwurf sozialer Handlungen durch rechtliche Sollensregeln bewußt von den Merkmalen absieht, die für die im Gesetz verfolgte Wirkabsicht ohne Belang sind und damit in seiner Begriffsbildung über die sonst übliche Reduktion der Erfahrungsgegenstände durch Generalisierung und Typisierung[23] erheblich hinausgeht. Indem die funktionale Analyse, von wissenschaftlich ermittelten Funktionseinsichten ausgehend, ihre Betrachtung allein auf

---

[21] Dazu und zum folgenden: *Engisch*, Weltbild, S. 15 f.

[22] Zutreffend bemerkt *Coing*, S. 2 f., daß selbst im Zivilrecht, das mit seinen Einzelbeziehungen „in sich überschaubar und verständlich" sei, heute zahlreiche Vorgänge nur dann zutreffend gewürdigt werden, wenn man „größere Zusammenhänge gesamtwirtschaftlicher oder betriebswirtschaftlicher Art mit berücksichtigt", bezüglich deren die Rechtswissenschaft auf die Erkenntnisse der Wirtschaftswissenschaft angewiesen sei. So sei z. B. bei der rechtlichen Würdigung allgemeiner Geschäftsbedingungen nicht nur der „Zusammenhang mit der betrieblichen Rationalisierung zu erfassen", sondern vor allem darauf abzustellen, „an welcher Stelle des wirtschaftlichen Verteilungsmechanismus die allgemeinen Geschäftsbedingungen zur Anwendung kommen".

[23] Dazu: *Wolff*, Hans Julius, Typen im Recht und in der Rechtswissenschaft, StG 1952, S. 195—205.

die Wirkungselemente eines Rechtsbegriffs bzw. einer Rechtsnorm abstellt und von sonstigen Merkmalen prinzipiell absieht, denaturiert sie in ihrer begrifflichen Neukonstruktion ihren Gegenstand, d. h. das durch den Begriff Gemeinte, und gelangt nach dessen Dekomposition zu einer begrifflichen Neuverteilung der Merkmale. Infolge dieser begrifflichen Neufassung stellt sich der durch den Begriff gemeinte Gegenstand als dem alltäglichen Primärerleben der Person verfremdet dar[24]. Für ein naiv-gegenständliches Verständnis, das nicht zwischen dem Begriff und dem mit diesem Begriff Gemeinten unterscheidet, scheinen die Gegenstände selbst im Zustande der Auflösung begriffen zu sein, obwohl nur eine begriffliche Reduktion auf diejenigen Wirkungselemente erfolgt, welche unter funktionalem Aspekt von Belang sind. Der Verfremdungseffekt ist die Folge der theoretischen Beschränkung auf die im Sinne optimaler Effizienz wesentlichen Begriffsmerkmale.

Die Anforderungen, denen das gegenwärtige Rechtsdenken zu genügen hat, ergeben sich aus der Tatsache, daß das moderne Recht als Gestaltungs- und Koordinationsmittel eingesetzt wird. *Schelsky* hat — wenn auch in anderem Zusammenhang — eingehend dargelegt, daß „soziale Handlungen auf Grund der Primärerfahrung ... keine belangvollen Gegenstände mehr" treffen und „im sozialen Leben eben das (verfehlen), worauf es der sozialen und politischen Wirkabsicht ankommt". Um in einer „großorganisatorischen Zivilisation sozial handeln zu können, ist eine wissenschaftliche ... Dekomposition der primären Erfahrungstatbestände unerläßlich" und wird „zu einem unabweisbaren Anspruch, weil diese (Zivilisation) auf solchen der Primärerfahrung entzogenen wissenschaftlichen Tatbeständen aufgebaut ist"[25].

Wenn auch naiv-gegenständliches Verständnis und wissenschaftlich analysierte Erfahrung ihrem Inhalte nach erheblich voneinander abweichen können, so darf doch nicht übersehen werden, daß „der denaturierten, analysierten Primärerfahrung eine Wirklichkeit entspricht", die im Gegensatz zu der im Alltag wahrgenommenen wissenschaftlich gesichert ist[26]. Funktionsbegriffe, die auf wissenschaftlich denaturierten Primärerfahrungen aufbauen, vermögen „der sozialen und politischen Wirkabsicht" des positiven Rechts sehr viel besser zu dienen, weil sie auf die Funktion hin konzipiert sind, die sie zu erfüllen haben, und von vornherein auf die Wirkungen abzielen, die sich ergeben sollen.

Die moderne Rechtsgestaltung kann nur dann auf den Funktionseinsichten anderer Wissenschaften wirksam aufbauen, wenn die Rechts-

---

[24] Vgl. *Schelsky*, Ortsbestimmung, S. 71.
[25] *Schelsky*, Ortsbestimmung, S. 71.
[26] *Schelsky*, Ortsbestimmung, S. 75.

wissenschaft das erforderliche Arsenal entsprechender und für praktische Zwecke geeigneter eigener Kategorien entwickelt. Abgesehen von einigen Ansätzen ist die Rechtswissenschaft jedoch noch weit von diesem Ziel entfernt. Obwohl nicht nur die Rechtstheorie, sondern auch die Dogmatik des geltenden Rechts ein funktionales Denken voraussetzt[27] und auf dieser Grundlage aufbauen muß, steckt die Funktionsanalyse von Rechtsbegriffen, Rechtfiguren, Rechtssätzen usw. noch allenthalben in den Anfängen.

§ 6 Die Staatsfunktionen und ihre Gliederung

Im Staats- und Verwaltungsrecht, aber auch in der allgemeinen Staatslehre wird der Begriff der Funktion zur Darstellung der Tätigkeit des Staates und seiner arbeitsteilig fungierenden Organe verwandt. Zuweilen ist der Versuch gemacht worden, den Begriff der Staatsfunktion formal zu bestimmen, ohne die Bezogenheit aller Staatstätigkeit auf spezifische Staatszwecke zu berücksichtigen. So gelangt *Beyer* in dem „Streben, die verschiedenen Erscheinungen des staatlichen Rechtslebens auf ein höchstes Prinzip zurückzuführen" zu einem „System der Staatsfunktionen" im Sinne einer „Verbindung derselben zu einem logisch geordneten Ganzen", dessen „Spitze in einem sie umfassenden Einheitsbegriff, nämlich dem der Staatsfunktion selbst" erblickt wird. Diese abstrakte rechtliche Betrachtung der Staatsfunktionen, die von dem Bestreben getragen wird, zu Einsichten von apriorischer Gültigkeit zu gelangen, führt Beyer lediglich zu der „Notwendigkeit einer Zweiteilung in Rechtssetzung und Rechtsausführung"[1]. Ähnlich hat *Kelsen* jede Orientierung am Rechtsgehalt zurückgewiesen und die Auffassung vertreten, daß „alle Versuche, eine logische Gliederung der Staatsfunktionen oder Staatsgewalten" vorzunehmen, „nicht zum Ziele führen", sofern sie „auf eine Einteilung des möglichen Gehalts der Rechtsordnung" hinauslaufen[2].

Demgegenüber werden heute die Begriffe Staatsgewalt und Staatsfunktion überwiegend nicht synonym gebraucht. Vielmehr wird zwischen Staatsgewalt und Staatsfunktion unterschieden und die normative Bindung der Staatsgewalt betont. Entscheidend für den Charakter der Staatsgewalt sind die positivrechtlich „zugewiesenen Funktionen"[3].

---

[27] Vgl. oben § 2, insbes. Fußnote 7.
[1] *Beyer*, Bruno, Kritische Studien zur Systematisierung der Staatsfunktionen, ZgStW 67 (1911), S. 421—73; 605—47, bes. S. 643.
[2] *Kelsen*, Hans, Die Lehre von den drei Gewalten oder Funktionen des Staates, ARWP 17 (1923/24), S. 374—408, bes. S. 377.
[3] *Wolff*, Hans J., Verwaltungsrecht I, 5. Aufl., 1963, § 16 II c a. E., S. 59.

Gegenüber einer dogmatischen Dreiteilung[4] der staatlichen Funktionen hat sich die Einsicht durchgesetzt, daß der Staat eine „Vielzahl von Funktionen"[5] ausübt und daß es für die innere Verfassung eines Staates entscheidend darauf ankommt, „von wem die verschiedenen Funktionen der Staatsgewalt ausgeübt werden". Im Zusammenhang mit dem die Staatsgewalt maßgeblich bestimmenden Organisationsprinzip der Gewaltenteilung, besser: der Gewaltengliederung[6], wird der Begriff der Staatsfunktion eingehend erörtert.

Spätestens seit John *Locke*[7] ist die Vorstellung von der freiheitsverbürgenden Wirkung der Gewaltengliederung für weitere Kreise offen zu Tage getreten[8], so daß in der Ausprägung durch *Montesquieu*[9] die Gewaltengliederung als Strukturprinzip der Verfassungen konstitutioneller Staaten rasche Verbreitung finden konnte. Im modernen Staate wird die Bedeutung der Gewaltengliederung darin erblickt, einer Willkürherrschaft entgegenzuwirken. Wenn „die Ausübung der staatlichen Grundfunktionen organisatorisch und personell voneinander getrennt" und „auf verschiedene politische Mächte verteilt" wird, so werden „die mit ihr jeweils betrauten Organe zugleich in ein Verhältnis gegenseitiger Hemmung und Balancierung" gebracht[10]. Zwar hat sich die Gesetzgebungspraxis seit langem über die „zeitbedingten Dogmatisierungen"[11] des Gewaltengliederungsprinzips hinweggesetzt. Gleichwohl wird noch allzu gern doktrinär an der Aufteilung der

---

[4] Vgl. dazu: *Praag*, M. M. van, Die Rechtsfunktionen, 1932, bes. S. 191 ff.

[5] Dazu und zum folgenden: *Dahm*, S. 303: „Die auswärtige Gewalt, die militärische Kommandogewalt, wohl auch die Organisationsgewalt des Staates fügt sich in dieses Schema nicht ein. Vor allem aber bleibt die Leitung des Staates, die Regierung im eigentlichen Sinne des Wortes vergessen."

[6] *Wolff*, I, § 16 I c, S. 58.

[7] Two Treatises of Civil Government, Sec. Tr., Chapter VIII No. 95 ff., Chapter XII No. 143 ff.

[8] Vgl. hierzu: *Klimowsky*, Ernst, Die englische Gewaltenteilungslehre bis zu Montesquieu, 1927, S. 67 f., der zutreffend bemerkt, auch schon vor Locke sei „die englische Staatsrechtslehre mit einer beträchtlichen Anzahl eigener Gewaltenteilungslehren in der Entwicklungsgeschichte der Gewaltenteilungslehre" vertreten.

[9] Vom Geist der Gesetze, hrsgg. von Ernst *Forsthoff*, 1951, bes. Band 1, Buch XI, Kapitel 6, S. 214—229. — *Klimowsky*, S. 67 erblickt darin eine „Wiederholung der damals modernsten Staatsauffassung". Nach seiner Ansicht beruht auch der Titel „De l'Esprit des Lois" auf Entlehnung. Wie *Klimowsky*, S. 68 ausführt, ist er von Jean *Domat* (1625—1696) inspiriert, in dessen „Traité des Lois", der Einleitung zu dem 1689 erschienenen Werk: „Les Lois civiles dans l'ordre naturel", sich der Ausdruck „esprit des lois" im Text (Kap. 1 S. 13) und als Überschrift des 11. Kapitels („De la nature et de l'esprit des lois et de leurs différentes espèces") finde.

[10] *Wolff* I, § 16 I b, S. 58.

[11] Vgl. *Kägi*, Werner, Die Verfassung als rechtliche Grundordnung des Staates, 1945, S. 44.

Staatstätigkeiten „in Gesetzgebung und Vollziehung (gegliedert in Verwaltung und Rechtsprechung)"[12] festgehalten, obwohl dieses Schema nur geringen Erkenntniswert besitzt[13].

Es erscheint methodisch verfehlt, die Gliederung der Staatsgewalt in spezifische Funktionen schematisch-formal vorzunehmen, ohne die tatsächliche Entwicklung der Staatstätigkeit zu berücksichtigen. Welche Funktionen als staatliche aufzunehmen sind, muß auf Grund einer materialen, an den Gegebenheiten der sozialen Wirklichkeit sich orientierenden Betrachtung bestimmt werden. Erst wenn das geschehen ist, kann über die Aufteilung der staatlichen Funktionen unter die staatlichen Organe sachgerecht entschieden werden. Zutreffend betont demgemäß *Kopp*, daß es sich bei der Staatsfunktionenlehre und der Gewaltengliederungslehre um zwei grundsätzlich verschiedene Lehren handelt, denen eine „Variierung in der Art der Fragestellung" zugrunde liegt[14]. Dieser Umstand wird im Schrifttum sehr häufig nicht berücksichtigt.

Beide Lehren haben sich mit verschiedenen praktischen Problemen auseinanderzusetzen. Aufgabe der — historisch älteren — Staatsfunktionenlehre ist es, sich in Zusammenarbeit mit benachbarten Disziplinen um die Erfassung und Einteilung der Staatstätigkeiten nach materialen (sach- und zweckgerichteten) Kriterien zu bemühen. Hingegen hat die Gewaltengliederungslehre sich mit der Frage zu befassen, wie die bei der Ausübung der material unterschiedenen Staatstätigkeiten anfallenden Leitungsfunktionen am zweckmäßigsten organisatorisch (sachlich, örtlich, personell usf.) aufzuteilen und auf die politischen Mächte zu verteilen sind. Bei der Bearbeitung dieser Problemkreise besteht eine Priorität der Funktionenlehre vor der Gewaltengliederungslehre, jedoch nicht im Sinne logischer Notwendigkeit, sondern als Folge von Zweckmäßigkeitsüberlegungen[15], da die optimale Funktionsfähigkeit des Staates erst dann gesichert erscheint, wenn die Kompetenzverteilung auf einer sinnvollen Einteilung nach material unterschiedenen Staatstätigkeiten aufruht.

---

[12] Dazu: *Scheuner*, Ulrich, Der Bereich der Regierung, in: Rechtsprobleme in Staat und Kirche, Festschrift für Rudolf Smend, 1952, S. 253—301, bes. 258, 277.

[13] Kritisch bemerkt *Klein*, Friedrich, Neues Deutsches Verfassungsrecht, 1949, S. 214 im Hinblick auf das Gewaltengliederungsprinzip, „daß bei den drei Gewalten Tätigkeitsformen und Tätigkeitsinhalte sich nicht ganz decken".

[14] *Kopp*, Hans W., Inhalt und Form der Gesetze als ein Problem der Rechtstheorie, 2 Bde. (I, II), 1958, I S. 3 ff., II S. 474 f.

[15] Richtig *Kopp* II, S. 478: „Die Gewaltenteilungslehre setzt eine Funktionenscheidungslehre zwar nicht logisch, aber doch praktisch ... voraus."

Welche Funktionen dem Staat unter den Bedingungen der Industrie-gesellschaft zufallen, wird besonders deutlich, wenn man von der „Null-punkt-Situation des Jahres 1945" ausgeht, in der „die wirtschaftlichen und sozialen Funktionen bis auf geringe Reste zum Stillstand gekom-men waren"[16]. Nach dem völligen Zusammenbruch im Jahre 1945 hat sich das Wiedererstarken der deutschen Staatlichkeit im Rahmen eines „alle sozialen Bereiche umfassenden Reintegrationsvorganges" voll-zogen. Aus diesem Prozeß der Selbstordnung der Gesellschaft ist der Staat zu einem Zeitpunkt hervorgegangen, in dem die sich aus den ihr immanenten Kräften wiederherstellende Wirtschaft in ihrem grund-sätzlichen Aufbau bereits festgelegt war, so daß dieser gesellschaftliche Kernbereich „nicht mehr das Werk des Staates" ist[17].

Während noch im 19. Jahrhundert der Dualismus von Staat und Gesellschaft als Gegensatz zweier deutlich unterschiedener Ordnungs-gebilde[18] die soziale Wirklichkeit bestimmte, sind im 20. Jahrhundert beide Größen „zusammengewachsen oder besser: sie haben sich inein-ander verschränkt", indem der Staat „mit seinen gesetzlichen Rege-lungen und mit seiner Verwaltungstätigkeit immer mehr Bereiche des gesellschaftlichen Lebens durchsetzte" und indem andererseits die ge-sellschaftlichen Kräfte „ihre Aktionen in den Staat hinein, durch ihn hindurch leiteten"[19]. Zwar gibt es Funktionen, die nur vom Staat wahrgenommen werden. Jedoch ist der Staat gegenwärtig unter grund-sätzlicher Aufgabe seines einstigen Ranges „den Funktionen des sozia-len Ganzen mit bestimmten Funktionen eingeordnet"[20]. Dabei fallen ihm diejenigen Aufgaben zu, die von der sich „selbst organisierenden Gesellschaft nicht erfüllt werden können"[21]. Angesichts der hochgradig rationalisierten, fachmännischen Funktionen des „auf spezifische Auf-gaben hin" zweckrationalisierten Staates kann das Verhältnis zwischen Staat und Gesellschaft nur als kooperatives begriffen werden, in dem sich die soziale Ordnung aufrecht erhält und fortbildet[22].

Im Rahmen einer auf das Gebot der Sachlichkeit gestellten Daseins-bewältigung, für welche alle Planmäßigkeit „eine solche der sach-logischen Bedingtheiten und Zusammenhänge"[23] ist, erscheint es geboten,

---

[16] Dazu: *Forsthoff*, Ernst, Die Bundesrepublik Deutschland. Umrisse einer Realanalyse, Merkur 1960, S. 807—21, bes. 808 ff.; ds., Die Probleme der Staats-ordnung, 1960, S. 59 ff.
[17] *Forsthoff*, Bundesrepublik, S. 809 f.
[18] *Freyer*, Probleme, S. 83.
[19] *Freyer*, Probleme, S. 84.
[20] *Forsthoff*, Staatsordnung, S. 62 f.
[21] *Forsthoff*, Bundesrepublik, S. 811.
[22] Vgl. *Forsthoff*, Strukturwandlungen, S. 9: „Staat und Gesellschaft er-gänzen einander zu dem Gesamt des heutigen sozialen Ganzen."
[23] *Forsthoff*, Bundesrepublik, S. 811.

die Staatsfunktionenlehre — über eine bloße Funktionentypologie hinausgehend — erneut zu durchdenken, um so zu einer optimalen Funktionsverrichtung durch die staatlichen Organisationen (Institutionen) beizutragen, denen die Funktionen zur Ausübung übertragen werden. Dabei wären die Voraussetzungen für die Übernahme von Funktionen (Funktionsintegration) und die Abgabe von Funktionen (Funktionsdelegation) zu klären.

Es wird sich auch nicht umgehen lassen, die Funktionsverrichtung durch staatliche Organisationen eingehend am Maßstab des Prinzips rationeller Arbeitsteilung zu überprüfen[24]. Die Bedeutung des Prinzips der Arbeitsteilung für die Staatsorganisation, insbesondere für die Gliederung der Staatsgewalt, wird häufig nicht erkannt. Es kann *Kopp* nicht darin gefolgt werden, daß das Prinzip der Arbeitsteilung in der Staatsorganisation „von keiner oder doch von geringer prinzipieller Bedeutung"[25] ist. Die Zusammenhänge zwischen arbeitsteiliger Spezialisierung und gegenseitiger Abhängigkeit sind auch im Bereich staatlicher Tätigkeit evident. Die auf Arbeitsteilung beruhende, kompetenzmäßige Spezialisierung der staatlichen Organe vermag einer Willkürherrschaft entgegenzuwirken. Daß ein derartiges Balancierungssystem empfindlich gestört werden kann, wenn die personalen Träger unterschiedlicher Kompetenzen etwa durch politische Einflußnahmen mediatisiert[26] und bestimmt werden, ihre Kompetenzen von sachfremden Erwägungen im Sinne einseitiger Gruppenegoismen leiten zu lassen, ist ein Umstand, der die Grenzen rechtlicher Gewaltengliederung deutlich macht und zugleich zeigt, daß dieses Organisationsprinzip nicht als Dogma verstanden werden darf, sondern nur in ständiger Orientierung an den tatsächlichen Verhältnissen seine Wirksamkeit zu entfalten vermag.

Bei allen Erörterungen über staatliche Funktionen ist zu unterscheiden, ob es um den normativen Begriff der Staatsfunktion geht oder um die Staatsfunktion als politisches Faktum, als eine Realität des geschichtlichen und sozialen Lebens. In normativer Hinsicht bedeutet Staatsfunktion in erster Linie die zugewiesene Kompetenz, d. h. die Rechtsbefugnis zur Wahrnehmung einer staatlichen Tätigkeit[27]. In faktischer Hinsicht

---

[24] Zum Prinzip der Arbeitsteilung: *Röpke,* Wilhelm, Die Lehre von der Wirtschaft, 8. Aufl., 1958, S. 66 ff., 93 ff.

[25] *Kopp* II, S. 478.

[26] Vgl. dazu: *Weber,* Werner, Spannungen und Kräfte im westdeutschen Verfassungssystem, 1951; ds., Die Verfassung in der Bewährung, 1957; *Kaiser,* Joseph, Die Repräsentation organisierter Interessen, 1956, passim.

[27] Vgl. z. B. *Klein,* Friedrich, Verfassungsrechtliche Grenzen der Gemeinschaftsaufgaben, 1961 S. 125—174, 125 f., der — und das ist rechtstheoretisch bedeutsam — bei seiner Analyse der Gemeinschaftsaufgaben, die als körperschaftliche Beteiligung mehrerer Gemeinwesen an der Erfüllung ein und

ist unter Staatsfunktion diejenige menschliche Tätigkeit zu verstehen, die zur Wahrnehmung der Staatszwecke in Ausübung der positivrechtlich zugewiesenen Funktion vorgenommen wird. Soweit bei der Analyse der Staatsfunktionen, die in diesem Zusammenhang nicht aufgenommen werden kann, auf die von anderen Disziplinen erarbeiteten Einsichten zurückgegriffen wird, braucht nicht befürchtet zu werden, daß dadurch das normative Rechtsdenken entmachtet werden könnte. Vielmehr werden Umfang und Grenzen der in der gesellschaftlichen Praxis zu stellenden normativen Ansprüche auf diese Weise in das rechte Licht gesetzt. Einsicht in die sozialen Tatsachen setzt normatives Denken nicht matt[28], sondern ermöglicht zu allererst die wirksame Umsetzung normativer Vorstellungen in die soziale Wirklichkeit.

§ 7 Der Funktionsbegriff in der Rechtspraxis

Auch die Rechtspraxis hat zur Bestimmung des Funktionsbegriffs im positiven Recht maßgeblich beigetragen. Anders als die Theorie sieht sie sich täglich vor die Notwendigkeit gestellt, praktische Lebensausschnitte gedanklich zu durchdringen, um am Leitfaden des geltenden Rechts zu einem Urteil darüber zu gelangen, was konkret gesollt ist. Für sie ist die spezifische Bedingtheit des positiven Rechts durch die geschichtliche und soziale Wirklichkeit, seine Bestimmtheit durch die konkreten Lebensverhältnisse, eine Realität. Sie kennt freilich auch die gegenständliche Begrenztheit der Rechtsregeln[1]. Nicht den äußeren Gegebenheiten wird das Maß entnommen, sondern es ergibt sich aus einer normativ-wertenden Haltung[2], die sich in sachlicher Orientierung

---

derselben Aufgabe definiert werden, auf den Vollzug der jeweiligen Funktionen in normativer Hinsicht abstellt und erst dann prüft, ob ein körperschaftliches (!) Zusammenwirken vorliegt.

[28] Dazu neuerdings: *Schelsky*, Helmut, Anpassung oder Widerstand, 1961, bes. S. 127, 129 f.

[1] Vgl. hierzu auch: *Lauterpacht*, H., The Function of Law in the international Community, 1933, S. 390, wo „the very nature of the function of Law" folgendermaßen gekennzeichnet wird: "Law ... does not embrace the totality of human relations ..., there is a limit to the scope of matters embraced by legal regulations ...".

[2] *Gurvitch* bestimmt das Recht geradezu als den Versuch, die Gerechtigkeit als die „vorläufige und immer variable Versöhnung einander widersprechender Werte" in einem bestimmten sozialen Milieu „vermittels imperativ-attributiver Bindungen" zu verwirklichen (S. 16 f.). Für ihn sind es gerade die „Symbole, Ideen, Werte und Kollektivideale, welche die soziale Wirklichkeit durchdringen" und die „Spezifität des Sozialen" ausmachen. Innerhalb „verschiedener Kristallisationsgrade des sozialen Lebens" behaupten sich unterhalb der symbolischen Sphäre, z. B. der Gesetze als der Zeichen für bestimmte Rechtspraktiken, „die Werte, die Ideen und die kollektiven Ideale, die das vorstellen, was die Symbole symbolisieren, und

an ihrem Gegenstande entfaltet. Was und in welcher Weise etwas gesollt wird, ist jedoch nicht allein eine Frage wertender Reflexion, die sich im Gesetz als der bei Vermeidung von Sanktionen zu befolgenden Sollensregel niedergeschlagen hat, sondern bestimmt sich inhaltlich nach dem jeweiligen konkreten Daseinsbereich. Genauer: alle wertende Reflexion und Entscheidung erfolgt im Hinblick auf im Recht gedanklich vorweggenommene praktische Ziele, die durch das Recht in bereits vorgeformten Lebensverhältnissen zu realisieren sind[3]. Derartige Entscheidungen setzen ein am Durchdenken von Funktionen orientiertes Urteilen voraus. Im allgemeinen bedient sich der Verwaltungsjurist einer funktionalen Betrachtungsweise in stärkerem Maße als etwa der Richter. Als praktisch erforderlicher Denkschritt bewährt sie sich jedoch tagtäglich in beiden Tätigkeitsbereichen, ohne daß sie den Betreffenden als eigenständige analytische Form stets bewußt ist.

Die höchstrichterliche Rechtsprechung hat in einigen grundlegenden Urteilen bei der Erörterung haftungsrechtlicher Probleme, welche durch die Ausübung der Staatsfunktionen aufgeworfen wurden, zugleich den Begriff der Funktion näher bestimmt. In mehreren Entscheidungen konstruierte der Bundesgerichtshof — obwohl es an einer gesetzlichen Grundlage dafür fehlte — eine Haftung des Bundes bzw. der Länder für vormals reichseigene Staatsfunktionen, indem er unterschied zwischen dem Reich als dem Funktionsträger und der dem Reich zugeschriebenen Reichsfunktion als der Rechtsbefugnis, bestimmte Tätigkeiten im Hinblick auf bestimmte Sachaufgaben vorzunehmen. Mit dieser Abtrennung der Reichsfunktion vom Reich wurde prinzipiell die Möglichkeit geschaffen, in der gegenwärtigen, raum-zeitlich begrenzten und für sich funktionsfähigen Staatsordnung ein neues Haftungssubjekt zu bestimmen. Denn indem der BGH die rechtlich umschriebene, zur Umsetzung in die soziale Wirklichkeit anstehende staatliche Befugnis von ihrem bisherigen Träger abtrennte, ermöglichte er eine Nachfolge von Bund und Ländern in vormals dem Reich obliegende Funktionen.

Da das Deutsche Reich im Jahre 1945 nach herrschender Meinung rechtlich nicht untergegangen war, sondern lediglich seine Handlungsfähigkeit verloren hatte, ergab sich mit dem Entstehen der Länder bzw. des Bundes die Frage, wem bestimmte Rechte und Pflichten, die

---

von denen die kollektiven Verhaltensweisen beeinflußt werden". Diese Werte und Ideen sind „gleichzeitig Erzeugnisse und Erzeuger des sozialen Lebens" (S. 32 f.).

[3] Auf dieser Grundlage ist es jedenfalls nicht bedenklich, der Forderung von *Frank*, Jerome, Law and the Modern Mind, 1933, S. 252 zu folgen: "... law, if it is to meet the needs of modern civilisation ... must cease to embody a philosophy opposed to change. It must be avowedly pragmatic."

bislang gegenüber dem Reich bestanden hatten, zugeordnet werden sollten. Schon im Jahre 1946 bejahte *Loening* trotz des Fortbestehens des Deutschen Reiches als Rechtssubjekt eine Haftung des Landes Thüringen für diejenigen Verbindlichkeiten, „deren Erfüllung zur ordnungsgemäßen Verwaltung der vom Lande z. Zt. ausgeübten Reichsfunktion gehört"[4]. Im Jahre 1952 befaßte sich der Bundesgerichtshof *(BGH)* erstmals mit der Frage der Nachfolge eines Landes in zuvor vom Deutschen Reich wahrgenommene Staatsfunktionen. In seinem Urteil vom 1. 12. 1952[5] sprach er sich für eine „Haftung der Länder für Verbindlichkeiten des Reichs aus dem Gesichtspunkt der Kontinuität der Funktionen (Funktionsnachfolge)" aus und leitete diesen „Rechtsgedanken" aus der Annahme her, daß sich „aus der Kontinuität der Aufgaben auch die Kontinuität der bei Erfüllung dieser Aufgaben erwachsenen Verbindlichkeiten ergibt". Eine „gewisse Anerkennung" des Rechtsgedankens einer Haftung aus dem Gesichtspunkt der Funktionsnachfolge erblickt der BGH in dem Umstand, daß die Länder „auch dort, wo hierfür eine ausdrückliche gesetzliche Regelung nicht bestand, die Versorgungsansprüche der in ihrem Gebiet und in den von ihnen übernommenen Verwaltungszweigen tätig gewesenen Beamten weithin übernommen haben und befriedigen".

In seiner Begründung ging der *BGH* davon aus, daß auch dann, wenn die Tätigkeit einer Behörde rechtlich geordnet sei, bei Ausübung dieser Tätigkeit Fehler (z. B. Zuständigkeitsüberschreitungen, Verfahrensverstöße, Fehlentscheidungen, Unfälle im Dienstbetrieb usf.) begangen werden[6]. Diese „aus der Funktion einer Behörde entstehenden Fehler" seien „deshalb auch dieser Funktion als ein zwar nicht erwünschter, aber unvermeidlicher Bestandteil zuzurechnen". Der BGH wies sodann darauf hin, daß der einzelne Staatsbürger „sich den Einwirkungen der Behörden und ihrer Organe und damit auch den daraus möglicherweise entstehenden Schäden weithin nicht entziehen" könne und daß zum Ausgleich dafür gesetzliche Garantien geschaffen worden seien, welche den Ersatz derartiger Schäden sichern. Das bestehende „Vertrauen auf diese Garantien" — so folgerte der BGH — fordere, „daß sie unabhängig von einem Wechsel des Funktionsträgers aufrecht erhalten bleiben". Selbst dann, wenn der alte Funktionsträger untergegangen sei, müsse der Übergang der Funktion auch den Übergang der aus ihr erwachsenden Verbindlichkeiten nach sich ziehen, „da dem Anspruchsberechtigten sonst die mit der fortbestehenden Funktion der

---

[4] *Loening,* Hellmuth, Rechtsgutachten über die Frage, ob das jetzige Land Thüringen Rechtsnachfolger des früheren Landes Thüringen und des Reichs ist, DRZ 1946, S. 130—133, 132.

[5] *BGHZ* 8, 169—183, 179.

[6] *BGHZ* 8, 179.

Behörden verbundenen notwendigen Garantien nicht erhalten blieben"[7]. Nach herrschender Rechtsauffassung sei zwar der alte Funktionsträger, das Reich, nicht untergegangen, es könne aber „zur Zeit nicht in Anspruch genommen werden und ... deshalb hinsichtlich etwaiger Verbindlichkeiten auch nicht anders behandelt werden wie ein Funktionsträger, der völlig untergegangen ist". In einer späteren Entscheidung hat der BGH den „Inhalt der Funktionsnachfolge" erblickt in der „Übernahme hoheitsrechtlicher Funktionen durch den Bund, ein Land oder eine öffentlich-rechtliche Körperschaft, die vor dem Zusammenbruch von einer Behörde des Reichs, eines Landes oder einer öffentlich-rechtlichen Körperschaft ausgeübt wurden"[8]. Diesen für die Bestimmung des Funktionsbegriffs aufschlußreichen Ausführungen hat der BGH in weiteren einschlägigen Entscheidungen[9] wesentlich Neues nicht hinzugefügt.

Charakteristisch ist, daß auch hier der Begriff der Funktion sowohl zur Kennzeichnung der staatlichen Tätigkeit dient als auch zur Bezeichnung der Aufgaben verwandt wird, die von Rechts wegen durch diese Tätigkeiten erfüllt werden sollen und zu diesem Zwecke positivrechtlich als Kompetenzen umschrieben sind. Zur Verdeutlichung dieses sonst nicht augenfälligen Unterschiedes soll im folgenden zwischen der aktualen und der potentialen Funktion unterschieden werden. Sofern das Reich als nicht mehr funktionsfähig[10] bezeichnet wird, ist seine Unfähigkeit gemeint, derzeit aktual zu fungieren, d. h. Rechtshandlungen vorzunehmen. Funktion bedeutet hier die der Erfüllung bestimmter Aufgaben dienende aktuale (durch menschliches Handeln vermittelte) staatliche Tätigkeit. Andererseits meint Kontinuität der Funktionen die „Kontinuität der Aufgaben" im Sinne der durch das Recht umgrenzten Befugnis, gewisse Tätigkeiten vorzunehmen. In dieser Bedeutung des Begriffs der Funktion als Aufgabe ist die staatliche Tätigkeit nicht als eine aktuale gemeint. Sie ist vielmehr in der durch das Recht umgrenzten Aufgabe als eine noch potentiale Tätigkeit begriffen, die erst der Aktualisierung bedarf, d. h. erst actu zur realen Staatstätigkeit wird. Funktionsnachfolge als die „Übernahme hoheitsrechtlicher Funktionen" ist demgemäß nicht bloß als tatsächliche Aufnahme spezifischer Sachaufgaben zu verstehen, die als noch reichseigene der Verwirklichung bedürften. In seinem Urteil vom 20. 12. 1951 hat der BGH ausdrücklich zwischen „der Übernahme und der Ausübung einzelner Funktionen des Reichs" unterschieden[11]. Die Über-

---

[7] *BGHZ* 8, 180.
[8] Vgl. U. v. 31. 1. 1955, *BGHZ* 16, 184 (188 f.).
[9] Vgl. *BGHZ* 19, 294 f.; 20, 61 (67 f.); 20, 183 (186 f.); 29, 76 (82 f.).
[10] U. v. 25. 6. 53, *BGHZ* 10, 125 f.
[11] *BGHZ* 4, 266 (276 f.).

nahme bestimmter Sachaufgaben erschöpft sich nicht in der bloß tatsächlichen Ausübung an sich reichseigener Funktionen, sondern führt als Übernahme in die eigene Wahrnehmungszuständigkeit des neuen Funktionsträgers zum völligen Kompetenzübergang. Nach dem durch die Funktionsnachfolge herbeigeführten Kompetenzübergang liegen potentiale und aktuale Funktionen beim Bund bzw. bei den Ländern als bundes- bzw. landeseigene. Die Funktionsnachfolge erweist sich somit als der Tatbestand, der verwirklicht sein muß, damit überhaupt eine Verpflichtung der neuen Funktionsträger zur Haftung ausgesprochen werden kann.

Durch das Bundesgesetz zur Entschädigung für Opfer der nationalsozialistischen Verfolgung (BEG)[12] ist der Rechtsbegriff der Funktionsnachfolge zum gesetzlichen Tatbestandsmerkmal ausgestaltet worden, von dessen Verwirklichung die Anspruchsberechtigung der im Gesetz genannten Rechtssubjekte abhängt. Nach § 142 Abs. 1 BEG hat eine „juristische Person, Anstalt oder Personenvereinigung ... Anspruch auf Entschädigung, wenn sie durch nationalsozialistische Gewaltmaßnahmen geschädigt worden ist." Bestehen die in Absatz 1 Genannten nicht mehr und sind auch Rechtsnachfolger nicht vorhanden, so kann gemäß § 142 Abs. 2 S. 1 BEG „der Anspruch auf Entschädigung von derjenigen juristischen Person, Anstalt oder Personenvereinigung geltend gemacht werden, die nach ihrer Verfassung, Zweckbestimmung, Zusammensetzung oder organisatorischer Stellung und nach ihrer tatsächlichen Betätigung als Zwecknachfolger anzusehen ist". Im Interesse eines gerechten Schadensausgleichs wird hier durch Gesetz die Anspruchsberechtigung auf den „Funktions- und Zwecknachfolger"[13] erstreckt.

Auch das System öffentlich-rechtlicher Entschädigungsansprüche beruht — abgesehen von allen rechtsdogmatischen Detailfragen — auf der Vorstellung, daß in der Ausübung der Staatsfunktionen auch bei weitestgehender Ordnung und rationaler Durchformung der einzelnen Tätigkeiten Fehler unterlaufen können, deren Auswirkungen — weil aus einer staatlichen Funktion herrührend — von Rechts wegen nach bestimmten Grundsätzen auszugleichen sind. Prinzipiell gilt das nicht nur für das deutsche Recht, sondern auch für ausländische Rechtssysteme. Besonders deutlich formuliert *Laubadère* den Grundsatz, der Staat „soit responsable du dommage, causé par le fonctionnement d'un de ses services publics", sofern „ce service ait, d'une manière ou d'une autre mal fonctionné et qu'apparaisse ainsi une faute commise (fonc-

---

[12] Vgl. d. F. v. 29. Juni 1956 (BGBl. I S. 562) und vom 1. Juli 1957 (BGBl. I S. 663).

[13] *Blessin-Ehrig-Wilden*, Bundesentschädigungsgesetze, 3. Aufl., 1960, Anm. 4 zu § 142 BEG.

tionnement défectueux par rapport à ce que l'on peut normalement attendre d'un tel service, irrégularité par rapport aux règles mêmes du service ...)"[14]. Ein die staatliche Ersatzpflicht auslösender Fehler ist grundsätzlich dann gegeben, wenn „le service public a mal fonctionné; n'a pas fonctionné; a fonctionné tardivement"[15]. Der ausgelöste Schaden muß „certain, direct, special" und „matériel" sein[16].

Ferner hat im Sachbereich der Haftung wegen Amtspflichtverletzungen die sog. Funktionstheorie erheblichen Einfluß auf die Rechtsprechung ausgeübt bei der Entscheidung der Frage, welche Körperschaft für die durch einen Angestellten begangene Amtspflichtverletzung einzustehen habe. Sachlich zutreffender wird man hier lediglich von einem Funktionstheorem sprechen, wonach diejenige Körperschaft für den Schaden einzutreten hat, deren Hoheitsaufgaben der Angestellte beim Vollzug der schädigenden Amtshandlung wahrgenommen hat. Nach heute herrschender Ansicht[17] kommt es allerdings nicht darauf an, wessen Funktion durch einen Angestellten ausgeübt wird, sondern es haftet — wie im Falle der Amtspflichtverletzung durch einen Beamten — diejenige Körperschaft, die den Betreffenden angestellt hat (sog. Anstellungstheorie). Jedoch wird auch hier die staatliche Tätigkeit funktional vorgestellt als Ausübung hoheitlicher Befugnisse im Hinblick auf durch das Recht umschriebene Aufgaben. Lediglich die „gebotene Rücksichtnahme auf die Interessen des Verletzten" hat die Rechtsprechung veranlaßt, „im Interesse der Rechtssicherheit" vom Funktionstheorem abzuweichen, da dessen konsequente Anwendung „den Geschädigten zu der für ihn überaus schwierigen Prüfung (zwingen würde), in welchen Amtsbereich die ihn schädigende Amtshandlung fällt". Diese Notwendigkeit entfällt jedoch bei Anwendung des Anstellungstheorems, das als pragmatisch gebotene Ausnahme von einer funktionalen Betrachtung der Staatstätigkeit aufgefaßt werden kann.

---

[14] *Laubadère*, André de, Droit administratif special, 1958, S. 144.
[15] *Laubadère*, André de, Traité élémentaire de Droit administratif, 1953, S. 488.
[16] *Laubadère*, ebd., S. 501.
[17] Dazu und zum folgenden: BGHZ 6, 215 (216 f.), U. v. 5. 6. 52; 2, 350 (351 ff.), U. v. 21. 6. 51 unter Hinweis auf die einschlägige Rechtsprechung des Reichsgerichts und das neuere Schrifttum (352).

Dritter Abschnitt

Die soziale Funktion des positiven Rechts

§ 8 Das Recht als vorgedachter Ablauf des Rechtsgeschehens

Angesichts der bereits vorhandenen Ansätze eines dynamisch-funktionalen Denkens liegt es nahe, diese Denkweise nicht nur auf Rechtsbegriffe, auf Rechtssubjekte oder Rechtsobjekte anzuwenden, sondern auf die Rechtsregeln als solche. Eine Betrachtung, welche auf die soziale Funktion des positiven Rechts in der Gegenwart gerichtet ist, wird nicht — oder jedenfalls nicht in erster Linie — danach fragen, welche rechtstechnische Funktion eine Rechtsregel innerhalb des Rechtssystems hat, sondern danach, welche Funktion sie im Hinblick auf die soziale Wirklichkeit hat. Wenn *Kelsen* in der „Sicherung des Friedens" eine „wesentliche Funktion des Rechtes"[1] erblickt, welche die Rechtsordnungen einer gewissen Stufe „tatsächlich, wenn auch in verschiedenem Grade haben", so mag diese Funktion zwar „eine objektiv feststellbare Tatsache" sein, jedoch ist mit dieser formalen Kennzeichnung in rechtstheoretischer Hinsicht nicht allzu viel gewonnen. Das gilt auch für die die Darlegung *Henkels*, dem Recht falle „die Funktion zu, als Maß, Grenze und Kontrolle der Macht in den Sozialbezügen der Menschen zu wirken"[2]. Von rechtsphilosophischen Erwägungen, welche auf den „höheren Zweck" einer „guten Ordnung des zwischenmenschlichen Verhaltens in der Sozietät" abstellen, kann keine wesentliche Förderung des hier verfolgten rechtstheoretischen Anliegens erwartet werden. Wenn Henkel jedoch — freilich im Hinblick „auf diesen umfassenden Zweck" — dem Recht die „Bedeutung eines Mittels" zuspricht, welchem „die Funktion einer über seine eigene Regelung hinausweisenden Zweckerfüllung zukommt"[3], so liegt darin eine zutreffende Teileinsicht, die sich in rechtstheoretischer Hinsicht als tragfähiger Ansatz erweist. Konkrete Ergebnisse können von einer rechtstheoretischen Analyse jedoch nur dann erwartet werden, wenn nicht das Recht schlechthin, sondern die einzelne Rechtsregel in ihrer Funktion zum Gegenstand der

---

[1] *Kelsen*, Hans, Reine Rechtslehre, 2. Aufl., 1960, S. 39 f., 50.

[2] *Henkel*, Heinrich, Einführung in die Rechtsphilosophie. Grundlagen des Rechts, 1964, S. 110.

[3] *Henkel*, S. 365.

Betrachtung gemacht wird und in dieser Analyse auch der Aktionszusammenhang berücksichtigt wird, innerhalb dessen die einzelne Rechtsregel als Mittel zur Verwirklichung konkreter Zwecke dient. Es ist damit zu rechnen, daß ein Gesetz — um von der wichtigsten Form einer Rechtsregel auszugehen — möglicherweise eine „Mehrzahl von Zwecken, sei es nebeneinander, sei es hintereinander" verfolgt und „hinter den Nahzielen des Gesetzes" vielleicht „weitere rechtspolitische Fernziele liegen, so daß sich Reihen- und Rangfolgen von Zwecken ergeben"[4]. In diesem Sinne kann die soziale Funktion des positiven Rechts der Gegenwart in der Verwirklichung der durch eine Rechtsnorm gesetzten oder doch vorausgesetzten praktischen Zwecke erblickt werden.

Die heute herrschende Lehre kennzeichnet die Gesetze — abgesehen von ihren formellen Eigenschaften — lediglich als generelle und abstrakte Rechtssätze. Diese Bestimmung ist nicht unzutreffend, weil das vorhandene Gesetzesmaterial, genauer: die positiven Rechtsregeln, in der Tat diese Formalstruktur aufweisen. Beim Rückgriff auf die in der sozialen Wirklichkeit geltenden Rechtsnormen erweist sich der Begriff als anwendbar. Ein spezifisches Gesetz, das eine inhaltlich verwirrende Fülle von Vorschriften enthält, wird mit Hilfe des Gesetzesbegriffs auf seine Formalstruktur reduziert und dadurch in gewisser Weise überschaubar. Aus dem Gesetzesmaterial als dem Erfahrungsobjekt hebt sich der rechtswissenschaftliche Betrachtungsgegenstand als das eigentliche Erkenntnisobjekt ab: die ein Sollen beinhaltenden Rechtsnormen. Der Auswahlgesichtspunkt, der die Identität der spezifisch rechtswissenschaftlichen Probleme als Erkenntnisobjekt aus dem Erfahrungsobjekt hervortreten läßt, ist das Seinsollen. Gegenstand der Betrachtung sind „die Anforderungen, die an das menschliche Verhalten gestellt werden"[5]. Die positiven Gesetze „sind nicht Rechtsnormen, sondern Rechtsquellen, aus denen die Rechtsnormen erst abzuleiten sind".

Mit dieser Bestimmung des Gesetzesbegriffs hat das theoretische Verständnis des positiven Rechts jedoch einen zu hohen Grad der Abstraktion von dem in der sozialen Wirklichkeit gegebenen Gesetzesmaterial erreicht. Die Analyse des Erfahrungsobjekts Recht ist mangelhaft, wenn sie nicht die alltägliche Erfahrung berücksichtigt, daß die staatlichen Organe die Gesetze stets in Erfüllung der ihnen obliegenden Ordnungsaufgaben erlassen. Zwar wird vorausgesetzt, daß der Staat — um mit *Becker*[6] zu sprechen — als eine Institution zu betrach-

---

[4] *Dahm*, S. 40.
[5] Dazu und zum folgenden: *Nawiasky*, S. 2 sowie das Vorwort, S. XIX f.
[6] *Becker*, Howard, Politische Gebilde und Außenkonflikt, KZS 1 (1948/49), S. 5—16, 6 f.

ten ist, „die den Zielen der Gesellschaft als einem Ganzen dient", und sich deshalb „als ein Weg" darstellt, „auf dem sich die Gesellschaft selbst organisieren kann, um bestimmte Zwecke zu erreichen". Jedoch werden aus dieser Einsicht nicht die notwendigen Folgerungen für das Verständnis des Gesetzesbegriffs gezogen. In Überbetonung des rechtssystematischen Eigenwertes der Rechtsnormen werden diese „einer isolierenden Betrachtungsweise" unterzogen. Dabei wird nicht berücksichtigt, daß alle Rechtsgestaltung nicht isoliert besteht, sondern jeweils das „Mittelstück" zwischen den „Voraussetzungen der Gesetzesentstehung" und ihrem „Zweck und Rechtsinhalt" darstellt[7].

Sofern der Gesetzgeber im Rahmen aktiver Sozialgestaltung durch gesetzesförmige Lenkungsakte genau umgrenzte Nahziele verfolgt, ist das positive Recht seinem Gehalt nach als vorgedachter Ablauf eines Rechtsgeschehens zu begreifen, das von einem gegebenen Zustand aus unter bestimmten tatbestandsmäßig fixierten Voraussetzungen vollzogen werden soll[8]. In unserer industriellen Gesellschaft stellt sich die Beeinflussung und Umgestaltung der sozialen Wirklichkeit durch menschliche, wissenschaftlich orientierte Praxis mit Hilfe der modernen Gesetzgebung stets als Abfolge pragmatischer Interventionen und koordinierter Eingriffe mit begrenzter Zielsetzung dar[9]. Der Gesetzgeber kann seine sozialen Wirkabsichten mit Mitteln des Gesetzes nur verwirklichen, wenn es ihm gelingt, die einzelnen zur Zusammenarbeit im Hinblick auf seine jeweiligen konkreten Zielsetzungen zu bewegen. Die soziale Funktion des Gesetzes besteht darin, mit Hilfe der im Gesetz enthaltenen Normen die Beziehungen und Verhaltensweisen der Menschen im sozialen Bereich so zu regeln, daß die jeweiligen Normadressaten zu einem zielkonformen Verhalten veranlaßt werden.

Die einzelnen Rechtsnormen haben als Verhaltensgebote bzw. -verbote nicht nur eine deskriptive, sondern vor allem präskriptive Funktion. Sie intendieren allgemeine Einschränkungen des möglichen Geschehens und fixieren Spielräume, innerhalb deren sich das tatsächliche Ver-

---

[7] *Löhlein*, Roland, Das kausale Rechtsdenken als rechtswissenschaftliche Methode, JR 1950, S. 132—37, 133.

[8] Vgl. *Schmid*, Carlo, Grenzen rechtlicher Regelung innerhalb der modernen Gesellschaft, Us 1959, S. 1233—40, bes. S. 1233: „Unter einer rechtlichen Regelung verstehen wir die Ordnung von Lebensverhältnissen durch den Gesetzgeber ... Er zwingt also der Zukunft etwas auf. Zukünftiges Handeln ist durch ihn in bestimmte Bahnen gebannt, das Geschehen ist nicht mehr frei ..."

[9] Hierzu: *Albert*, Hans, Wissenschaft und Politik, in: Festschrift für Viktor Kraft, 1960, S. 201—32, bes. S. 230, der zutreffend darlegt, daß eine auf holistische Sozialplanung abzielende Sozialtechnik, welche die totale Umkonstruktion der Gesellschaft auf Grund eines vorausgesetzten Leitbildes anstrebt, anstatt sich mit wissenschaftlich vertretbaren und begrenzten Aktionen zufrieden zu geben, utopisch ist.

halten der einzelnen abspielen soll. Darin offenbart sich ihr regulativer Charakter. Menschliches Verhalten, das den Spielraum des Legalen durchbricht, muß negativer Sanktionen gewärtig sein[10].

Neben dieser Appell- und Motivationsfunktion haben die Rechtsnormen zugleich Legitimationsfunktion. Die genannten regulativen Einschränkungen des menschlichen Aktionsspielraums sind nicht allein das Ergebnis rein technologischer Überlegungen zur Bewirkung einer optimalen Zielkonformität menschlichen Verhaltens, sondern setzen zugleich wertende Stellungnahmen hinsichtlich der Ziele und der diese Ziele verwirklichenden Mittel voraus. Sozialgestaltung mittels des Gesetzes erschöpft sich nicht in der praktischen Anwendung von Wissenschaft. Sie fordert zugleich moralisch-politische Entscheidungen, die sich „nicht aus technologischen Aussagen ableiten" lassen[11]. Der Einfluß von Wertungen auf die inhaltliche Rechtsgestaltung wird häufig verkannt, vor allem dann, wenn es sich um normative Entscheidungen handelt, die so selbstverständlich erscheinen, daß ihr normativer Charakter kaum noch bewußt gemacht wird. Erst die Übereinstimmung menschlichen Verhaltens mit den im Gesetz fixierten, oft nicht leicht herauszulesenden Wertungen verleiht dem legalen Verhalten seine Legitimität und rechtfertigt es zugleich.

Als Mittel zur Einschränkung des menschlichen Aktionsspielraums durch Eliminierung an sich möglicher faktischer Verhaltensweisen sind Rechtsregeln stets in dem spezifischen Aktionszusammenhang zu betrachten, in dessen Dienst sie stehen[12]. Da das positive Recht das menschliche Zusammenleben „mit einem wahren Netzwerk von Imperativen der denkbar verschiedensten Beschaffenheit durchwebt"[13], können die im Gesetz ausgedachten und durch dieses sprachlich vermittelten Handlungsmuster auf ihre Eignung, unmittelbar praktische Auswirkungen zu zeitigen, zureichend immer nur in Zusammenhang mit dem intendierten Handlungskontext begriffen werden. Unabhängig von dem spezifisch sozialen Gehalt läßt sich der Mittelcharakter einer Rechtsregel im Hinblick auf den von ihr verfolgten Zweck nicht beurteilen, weil die Sollensform als solche beim Adressaten noch keinerlei

---

[10] Dazu und zum folgenden: *Albert*, Wissenschaft, S. 219 ff.

[11] *Albert*, Wissenschaft, S. 218: „Technologische Systeme informieren über menschliche Handlungsmöglichkeiten, legen aber weder die Realisierung bestimmter Ziele noch die Verwendung bestimmter Mittel nahe. Sie orientieren lediglich darüber, wie man bestimmte Wirkungen erzielen kann."

[12] Wie *Albert*, Wissenschaft, S. 217 bemerkt, ist die „Anwendung des Zweck-Mittel-Schemas" außerhalb von bestimmten Aktionszusammenhängen eine „sehr fragwürdige Angelegenheit", da sich alsbald kaum noch entscheiden läßt, „was unter die eine und was unter die andere Kategorie zu subsumieren ist", wenn man den Kontext aufgibt.

[13] *Olivecrona*, Karl, Der Imperativ des Gesetzes, 1942, S. 30.

Vorstellungen über die gesollte Handlungsweise erweckt. Rechtsregeln vermögen ihrer sozialen Funktion, das menschliche Verhalten in bestimmter Weise zu beeinflussen, nur dann zu genügen, wenn sie zugleich sachlich bestimmte, durch den geregelten Sozialbereich vermittelte und auf ihn bezogene Vorstellungsinhalte als gesollte Handlungsweisen postulieren. Sie können „nur dann fungieren, wenn sie in einem gewissen Zusammenhang vorkommen"[14]. In diesem Sinne sind die in einem Gesetz enthaltenen Sollenssätze und Begriffe als Vorformungen der intendierten menschlichen Verhaltensweisen auf den in Zukunft zu realisierenden Gesetzeszweck bezogen.

Eine Gesetzgebung, die von vornherein bewußt auf die soziale Funktion des Gesetzes abstellt, wird daher eingehende Bemühungen darauf verwenden, den von ihr bezielten konkreten Ausschnitt aus dem durch Faktizität und die Art der menschlichen Betätigungen bestimmten Leben in ständiger Orientierung an der sozialen Wirkabsicht rechtsbegrifflich zu fixieren. Gesetzestechnisch wird der bezielte Lebensausschnitt durch Begriffe verfügbar gemacht, welche „lediglich bestimmte sehr beschränkte Aspekte der Dinge einfangen", jedoch stets „durch ihr Bemühen um bestimmte wünschenswert erscheinende Ziele" gekennzeichnet sind[15]. Die Begriffe zeichnen lediglich die Umrißlinie einer Sache, eines Gegenstandes oder eines Sachverhalts und stellen damit das im Begriff Erfaßte „in einen Zweck- und Verweisungszusammenhang unseres Daseinsfeldes"[16]. Als Formen des Denkens haben die Begriffe „Umgangsfunktion", die es uns ermöglicht, „die Welt als Feld von Verfügbarkeiten auszulegen und zu ordnen". Vermöge seines Intellekts macht der Mensch sich so die Welt „als Raum menschlichen Daseins verfügbar" und beweist damit seine Fähigkeit, diese Umwelt „zu tauglichen Zwecken der Lebensbewältigung umzuschaffen"[17].

Rechtsetzung geht jedoch über die bloß „lebenstechnische und zweckrationale Funktion des begreifenden Denkens" hinaus[18]. Sie setzt stets eine doppelte Wertung hinsichtlich des Ziels einer Rechtsregelung und

---

[14] *Olivecrona*, Imperativ, S. 29. — Wie *Olivecrona*, Imperativ, S. 25 ausführt, beruht die psychische Wirkung der Rechtsregeln bei den Normadressaten darauf, daß „im Bewußtsein ein imperativer Ausdruck auftaucht, der fest mit der Vorstellung von einer bestimmten Verhaltensweise vergesellschaftet ist".

[15] *Moncada*, L. Cabral de, Das Wesen der Rechtswissenschaft, ARSP XXXIX (1950/51), S. 449—60, 458.

[16] Dazu und zum folgenden: *Lersch*, Philipp, Der Mensch in der Gegenwart, 2. Aufl., 1955, S. 31 ff.

[17] *Lersch*, S. 25. — Vgl. auch: *Lersch*, Philipp, Das Bild des Menschen in der Sicht der Gegenwart, Üs 1958, S. 1—10, bes. S. 4.

[18] *Lersch*, S. 30.

hinsichtlich des Weges zu diesem Ziel voraus. Eine Rechtsregel kann nur dann beanspruchen, als Bestandteil der Rechtsordnung zu fungieren, wenn sowohl der von ihr intendierte Zweck als auch der in der Rechtsregelung eingeschlagene Weg vor den dem Rechtssystem zugrundeliegenden Axiomen[19] Bestand haben und mit ihnen vereinbar sind. Auch wenn bereits vorhandenes positives Recht „nach Gesichtspunkten der gesellschaftlichen Zweckmäßigkeit gewandelt wird"[20], muß stets eine Wertung vorausgehen, in welcher der gewandelte Zweck und der von der Rechtsregelung nun verfolgte Weg zu diesem Zweck gerechtfertigt worden sind. Teleologisch einwandfreie gesetzestechnische Lösungen werden nur dann zur Würde einer Rechtsnorm erhoben, wenn die in Aussicht genommene gesetzgeberische Aktion im Kleide des Gesetzes sich in den bereits bestehenden rechtsaxiologischen Rahmen einfügen läßt. Dabei müssen vom Gesetzgeber nicht nur „die möglichen Wirkungen praktisch überdacht", sondern auch die „aus der Norm sich entwickelnden Folge- und Nebenwirkungen" berechnet werden[21]. Entsprechen die überdachten, möglichen Wirkungen den gesetzgeberischen Absichten, so formt er die Norm nach ihnen. Er setzt die Norm im Gesetz als Ursache, die eine praktische Wirkung hat oder jedenfalls haben soll.

Das positive Recht entspringt demzufolge dem zielstrebigen Denken des Gesetzgebers. Es wäre jedoch verfehlt, die Organe und Verfahrensweisen innerhalb der Staatsorganisation, die eine „psychologisch wirkungsvolle" Ausgestaltung und Aufstellung von Rechtsregeln ermöglichen, „zu einem geistigen Wesen" zu hypostasieren, welches als Gesetzgeber Gesetze ausspricht[22]. Nur wer die staatliche Organisation anthropomorphisiert, erhält dadurch ein „vorgebliches Subjekt" für angebliche Befehle. Richtig ist daran nur, daß das Gesetz eine „Schöpfung der Menschen" ist. Es ist „ein imperativischer Ausdruck, der dazu bestimmt ist, ein bestimmtes Verhalten zu veranlassen". Die einzelnen Rechtsregeln geben die Vorstellungen des Gesetzgebers über menschliche Verhaltensweisen in vorausgedachten Situationen wieder, wobei die imperative Form zur Erzielung der Vorstellung dient, daß „das angegebene Handlungsschema befolgt werden soll". Sie werden angewandt, indem „diese gedachten Handlungsweisen zum Vorbild tat-

---

[19] Zum logischen Charakter derartiger Sollensurteile: *Härlen*, Hasso, Über die Begründung eines Systems, zum Beispiel des Rechts, ARSP XXXIX (1950/51), S. 477—81, bes. S. 477: „Ein System von Sätzen S logisch begründen, heißt, es auf andere Sätze zurückzuführen, die dem System S alsdann zugrundeliegenden Axiome."

[20] *Härlen*, S. 480.

[21] *Fehr*, Hans, Die Dynamik des Gesetzes, ZSR 59 (1940), S. 53—64, 54.

[22] Dazu und zum folgenden: *Olivecrona*, Karl, Gesetz und Staat, 1940, S. 10, 20 ff., 27 ff.

sächlicher Handlungen genommen werden, wenn die „entsprechenden Situationen im wirklichen Leben auftreten". Trotz ihrer imperativen Form sind die Rechtsregeln jedoch nicht Befehle[23] eines imaginären Gesetzgebers. Vielmehr wird nur „die Imperativform über das Gebiet der eigentlichen Befehle hinaus verwendet", ohne daß eine Befehlssituation vorliegt. Mit Recht bezeichnet daher *Olivecrona* die Rechtsregeln als „freistehende Imperative", die „im Gemeinwesen den Menschen als Richtschnur" dienen[24].

§ 9 Der funktionale Aspekt der Rechtsgeltung

Die Rechtsordnung stellt sich als ein „System von Regeln" dar, die für die Mitglieder eines Gemeinwesens gelten[1]. Ihre Geltung bedeutet, daß die von ihnen betroffenen Menschen sich diesen Regeln entsprechend verhalten sollen. Die als gesollt statuierten Regeln stellen daher eingehende Verhaltensmuster für das menschliche Handeln auf. Andere Sachverhalte als menschliches Verhalten werden nur berücksichtigt, soweit sie sich auf menschliches Verhalten als dessen Bedingungen oder Wirkungen beziehen. Ebenso wie alles menschliche Verhalten, seine Bedingungen und seine Wirkungen sich in Raum und Zeit abspielen, werden im Inhalt der Rechtsnorm die durch die Norm bestimmten Tatbestände in räumlicher und zeitlicher, in personaler und materialer (sachlicher) Hinsicht gekennzeichnet[2]. Da die Geltung einer Rechtsnorm als solche nur bedeutet, daß irgendetwas sein oder nicht sein soll, getan oder nicht getan werden soll[3], ist damit über die Wirksamkeit[4] der Rechtsnorm noch nichts gesagt, d. h. darüber, ob sie auch tatsächlich angewendet und befolgt wird. Menschliches Verhalten als Inhalt einer Rechtsnorm und menschliches Ver-

---

[23] Mit Recht weist *Olivecrona*, Gesetz, S. 34 f. darauf hin, daß rechtliche Imperative die imperative Form aufweisen, ohne sich auf ein bestimmtes Subjekt zu beziehen. Es wird lediglich der „Befehlsausdruck" direkt mit einer Handlungsweise verknüpft, um den Menschen „gewisse Vorbilder des Handelns" einzuprägen. Vgl. auch: *Tammelo*, Ilmar, Contemporary Development of the Imperative Theory of Law: A Survey and Appraisal, ARSP 1963, S. 255—77, bes. S. 275 f., der in der imperativen Deutung der Rechtsnormen lediglich ein „theoretisches Modell" erblickt. Zutreffend bemerkt *Tammelo*, S. 275, daß die „handlung-lenkenden Werturteile in Imperative übertragbar sind, wie auch die Imperative in handlung-lenkende Werturteile übertragen werden können".

[24] *Olivecrona*, Gesetz, S. 28, 30.

[1] *Olivecrona*, Gesetz, S. 9.

[2] Vgl. *Kelsen*, S. 12 f.

[3] Zum Problem der Rechtsgeltung: *Kelsen*, S. 9—15.

[4] Hierzu: *Kelsen*, S. 215 ff., bes. S. 218.

halten als Handlung eines bestimmten Menschen in Erfüllung dieser Rechtsnorm sind somit nicht identisch, gleichen einander jedoch bis auf den Umstand, daß das erstere gesollt, das letztere seiend ist.

Das in einer Rechtsnorm als gesollt statuierte Verhalten ist nicht ein Sollen für sich, sondern stets ein Sollen von Etwas. Die durch die Rechtsregeln sprachlich vermittelten, gewöhnlich in Schriftform gefaßten Norminhalte dienen offensichtlich nicht dazu, Kenntnisse theoretischer Art zu vermitteln, sondern haben die Funktion, das tatsächliche Verhalten von Menschen im Sinne der gesollten Verhaltensweisen zu beeinflussen und insofern praktische Wirkungen herbeizuführen. Diese Wirkungen treten tatsächlich ein, sofern die Normadressaten die in der Rechtsnorm enthaltenen Handlungsmuster in das Gefüge ihrer Motive aufnehmen und damit zum Bestimmungsgrund ihres Handelns machen. Die derart erzielten Wirkungen einer Rechtsnorm können rein zufällig entstehen, ohne zuvor bedacht oder geplant zu sein. Die Erfahrung lehrt jedoch, daß die tatsächlichen Wirkungen der Rechtsnormen nicht — oder jedenfalls sehr weitgehend nicht — Zufallsergebnisse sind, sondern das Resultat bewußter Sozialgestaltung mit Mitteln des Rechts darstellen.

Positives Recht, das die von ihm zu erzielenden Wirkungen schon in der Abfassung der gesetzlichen Tatbestände als die vermutlichen Ergebnisse der gesollten Verhaltensweisen intendiert, das von vornherein auf diese Funktion hin konzipiert ist, kann als funktionales Recht bezeichnet werden. Die tatsächlich erzielte Wirkung braucht sich mit der intendierten Wirkung nicht zu decken. Sie kann tatsächlich hinter der gesollten intendierten Wirkung zurückbleiben oder über sie hinausgehen. Decken sich intendierte und tatsächliche Wirkung, so stimmen sie überein bis auf den Umstand (Modus), daß die erste gesollt, die letzte hingegen seiend ist. Dieser unterschiedliche Modus ist es, der die intendierte Wirkung als eine gesollte und zum Norminhalt gehörige zum Gegenstand rechtswissenschaftlicher Betrachtung macht.

Die Kennzeichnung des positiven Rechts als eines funktionalen betrifft sowohl die Form als auch den Inhalt der Rechtsregeln. Rechtsnormen, die menschliches Verhalten als gesollt statuieren, stellen zugleich einen Maßstab dar. Formallogisch betrachtet kann in Zukunft an dem durch die Rechtsnorm statuierten Verhalten ein tatsächliches Verhalten gemessen werden. Die Rechtsnorm „fungiert als Wertmaßstab" für menschliche Werturteile, in denen ein tatsächliches Verhalten zu der als gültig angesehenen Norm in Beziehung gesetzt wird[5]. Ein

---

[5] *Kelsen*, S. 17.

der Norm entsprechendes Verhalten hat positiven, ein der Norm widersprechendes Verhalten hat negativen Wert. Diese Beziehung des tatsächlichen Verhaltens auf das als Inhalt der Norm gesollte Verhalten ist immer die Beziehung zwischen einer Seinstatsache und einem Sollen. Der logische Dualismus von Sein und Sollen besagt jedoch nur, daß das „als Inhalt der Norm gesollte Verhalten" nicht zugleich „das tatsächliche, der Norm entsprechende Verhalten" sein kann[6]. Er bedeutet „jedoch nicht, daß Sein und Sollen beziehungslos nebeneinander stehen".

Rechtsnormen sind Menschenwerk und werden durch spezifische Willensakte von Menschen für das Verhalten von Menschen gesetzt. Das Sollen der Rechtsnormen ist nichts anderes als „der normative Sinn eines intentional auf das Verhalten anderer gerichteten Aktes"[7]. Da im Rechtsetzungsakt Menschen ihren Willen dahingehend äußern, daß andere Menschen und meist auch die Setzenden selbst sich künftig in bestimmter Weise zu verhalten haben, indem sie dieses Verhalten gebieten, verbieten, erlauben oder dazu ermächtigen, kann der Sinn dieses Aktes nicht mit der Aussage beschrieben werden, daß sich die anderen so verhalten werden, sondern nur mit der Aussage, daß sich die anderen so verhalten sollen[8]. Diejenigen, die das Recht setzen, wollen etwas. Diejenigen, an die die Rechtsnormen adressiert sind, sollen etwas. Die Rechtsnorm als der spezifische Sinn des intentional auf das Verhalten anderer gerichteten Rechtsaktes ist somit von dem Rechtsetzungsakt selbst, dessen Sinn sie ist, zu unterscheiden: sie ist freistehender, durch Imperativzeichen vermittelter Imperativ.

Die einzelnen, individuellen Willensakte beinhalten als Bestandteile des Rechtsetzungsaktes lediglich ein Sollen im subjektiven Sinne. Ein Sollen im objektiven Sinne, eine objektiv geltende, den Adressaten bindende Rechtsnorm, liegt erst dann vor, wenn das Verhalten, auf das der Rechtsakt intentional gerichtet ist, „nicht nur vom Standpunkt des den Akt setzenden Individuums, sondern auch vom Standpunkt eines unbeteiligten Dritten als gesollt angesehen wird"[9]. Unter den gegenwärtigen gesellschaftlichen Bedingungen ist das — normale Verhältnisse vorausgesetzt — dann der Fall, wenn die in der Verfassung vorgeschriebenen Formen der Rechtsetzung eingehalten sind. Mit der ordnungsgemäß vorgenommenen Promulgation der Rechtsnorm wird

---

[6] *Kelsen*, S. 6.
[7] *Kelsen*, S. 5.
[8] Dieses Sollen bezeichnet *Olivecrona* als „Imperativform", welche durch spezifische konventionelle „Imperativzeichen", die „irgendwie geregelt und standardisiert worden sind", vermittelt werde. Hinsichtlich der Rechtsregeln sind somit stets zwei Momente zu unterscheiden: das Imperativzeichen und der Vorstellungsinhalt. Vgl. dazu: *Olivecrona*, Imperativ, S. 15 ff., 23 ff.
[9] *Kelsen*, S. 7.

ein formal „scharf fixiertes Imperativzeichen" geschaffen, das den
Sollensausdruck vermittelt[10]. Voraussetzung dafür, daß die Rechtsnormen als Imperativzeichen „mit nennenswerter Wirkung fungieren", ist
ihr konventioneller Charakter, nämlich der Umstand, daß den Adressaten der Rechtsnorm „eine feste Reaktionsweise eingeprägt worden
ist". Sie besteht darin, eine Rechtsnorm erst dann als wirksam anzusehen, wenn sie die beim Erlaß von Rechtsnormen „übliche Prozedur
durchlaufen" hat. Mit der Promulgation wird die betreffende, spezifische Verhaltensmuster enthaltende Rechtsregel (Gesetz, Rechtsverordnung usw.) in das „System von Regeln" eingefügt, auf welches
die Gesetzesbefolgung Bezug hat.

Der Gehorsam der Normadressaten gegenüber den in die Rechtsordnung eingefügten Rechtsregeln bezieht sich nicht darauf, daß ganz
bestimmte „konkrete Handlungsmuster" befolgt werden sollen, sondern
er läuft darauf hinaus, daß „überhaupt" diejenigen Regeln, die im
Rechtsetzungsverfahren den formellen Charakter von Rechtsregeln erhalten haben, einzuhalten sind. Die Gesetzestreue bezieht sich somit
schlechthin auf diejenigen Rechtsregeln, die „zum System gehören"[11].
Sie äußert sich darin, daß man „darauf eingestellt ist, sich nach den
Handlungsmustern zu richten, die mit einem bestimmten Imperativzeichen versehen sind". Was diese Imperativzeichen sind, bestimmt
die jeweilige Staatsverfassung[12]. Ist aber die Ausrüstung mit einem
verfassungsmäßigen Imperativzeichen für den Charakter einer Regel
als Rechtsnorm ausschlaggebend, so wird die Gesetzesbefolgung letztlich durch die „Achtung vor der Verfassung selbst"[13] vermittelt[14].

---

[10] Vgl. *Olivecrona*, Imperativ, S. 23 ff., 31.

[11] Vgl. ebd. S. 40: „Welche Regeln zum System gehören sollen, das
wird gerade durch die Akte der Gesetzgebung bestimmt. Diese haben im
Verhältnis zur allgemeinen Gesetzesbefolgung dieselbe Funktion, wie sie der
Stromschalter im Verhältnis zum elektrischen Strom hat. Der Strom ist es,
der die Lampe zum Glühen bringt. Aber man muß den Stromschalter bewegen,
um ihn einzuschalten. "

[12] Zutreffend erblickt *Olivecrona* deshalb den formellen Charakter der
Rechtsregeln in ihrer Eigenschaft, „mit dem verfassungsmäßigen Imperativzeichen ausgerüstet zu sein", und bemerkt (S. 40): „Die Stiftung neuer und
die Aufhebung alter Gesetze bedeutet, daß man dieses Imperativzeichen für
verschiedene Gruppen von Handlungsmustern hinsetzt bzw. fortnimmt."

[13] *Olivecrona*, Imperativ, S. 41.

[14] Geht man von der Positivität der Rechtsnormen, d. h. ihrer tatsächlichen
Gesetztheit und Wirksamkeit aus, so kann Geltungsgrund der höchstrangigen
positivrechtlichen Verfassung nicht eine positive, d. h. gesetzte Rechtsnorm
sein, sondern nur eine vorausgesetzte Norm. Die rechtslogische Voraussetzung,
daß man sich einer ganz bestimmten Verfassung gemäß verhalten soll, bezeichnet *Kelsen* als Grundnorm. Es hieße den erkenntnistheoretischen Charakter dieser Argumentation verkennen, wollte man aus dieser Grundnorm
konkrete Rechtsnormen logisch ableiten. Die konkreten Normen einer Rechtsordnung müssen stets durch einen besonderen Setzungsakt erzeugt werden.
Zur Problematik der Grundnorm vgl. *Kelsen*, S. 196 ff., 204 f., 207.

Die formale Bestimmung der Rechtsnormen durch ihren Sollenscharakter erfaßt jedoch das positive Recht und seine Beziehungen zur sozialen Wirklichkeit nur unvollständig. Das empirische, gesetzte Recht stellt eine Einheit von Form und Inhalt dar. Während der Form nach alles Recht identisch ist — formallogisch stellt es stets ein Sollen dar! —, sind die Norminhalte, der jeweilige Inhalt des Sollens als das, was gesollt ist, durchaus unterschiedlich. Diese Verschiedenheit der Inhalte begründet eine Verschiedenheit der einzelnen Rechtsnormen. Sie zu beschreiben ist freilich nicht Aufgabe der Rechtstheorie. Jedoch ist das allen Rechtsnormen insofern Gemeinsame von ihr zu analysieren. Bei der Analyse der Norminhalte kann von der normativen Form dieser Inhalte als einer Rechte und Pflichten konstituierenden abgesehen werden. Es geht somit — um mit *Olivecrona* zu sprechen — nicht um ihren Charakter als Imperativzeichen, sondern als Vorstellungsinhalt.

Unter diesem Aspekt stellen sich die im Rechtsetzungsverfahren statuierten Rechtsnormen als Gedankeninhalte dar, die auf die soziale Wirklichkeit bezogen sind und eine bestimmte Ordnung menschlichen Verhaltens postulieren. Formallogisch betrachtet, sind die Rechtsnormen lediglich als gesollt, vom Standpunkt der eine Rechtsregel Setzenden gesehen, jedoch als gewollt anzusehen. Der Norminhalt besteht als gewollter auch dann, wenn der ihn setzende Akt längst abgeschlossen ist, auch wenn die beteiligten Indnviduen die von ihnen vorgenommene inhaltliche Gestaltung nicht mehr wollen und selbst dann, wenn diese Individuen gar nicht mehr vorhanden sind. Der Rechtsetzungsakt als Willensakt darf nicht mit dem Inhalt des Willensaktes, mit dem Gewollten als dem Norminhalt, verwechselt werden.

Die gegebenen Norminhalte postulieren als gewollte, von einer Wirkabsicht getragene, jeweils eine bestimmte inhaltlich zu verwirklichende Ordnung menschlichen Verhaltens und beruhen auf der gedanklichen Vorwegnahme in der Zukunft liegender, tatsächlich noch nicht eingetretener Situationen[15]. Das Gewollte ist seinem Inhalt nach durch das zu verwirklichende Ziel bestimmt, das Menschen sich oder anderen setzen. Das intendierte Ziel, das mit Hilfe einer Norm verwirklicht werden soll, kann auch als der Zweck einer Norm bezeichnet

---

[15] Vgl. hierzu: *Austeda*, Franz, Zur Eigenart und Typik der philosophischen Begriffsbildung, Festschrift für Viktor *Kraft*, 1960, S. 73—100, bes. S. 88, der zutreffend darauf hinweist, daß der Begriff des Zwecks „als gedankliche Vorwegnahme einer erstrebten Situation" ein „zwecksetzendes Bewußtsein" voraussetze. Mit Recht bemerkt *Austeda*, S. 88 f., daß die „Übertragung der Zweck-Kategorie auf außermenschliche Verhältnisse" nichts anderes sei als eine „merkwürdige Perversion des Kausaldenkens", ein „asylum ignorantiae", das lediglich zu Scheinerklärungen führe.

werden[16]. Er ist lediglich Zweck im subjektiven Sinne, sofern er nur von Individuen intendiert wird. Der subjektive Zweck wird jedoch zum objektiven, sobald er durch einen Rechtsetzungsakt zum allgemein gültigen Ziel konstituiert worden ist. Zweck im objektiven Sinne ist das Ziel, das durch eine als objektiv gültig bestehende Rechtsnorm statuiert und daher auch von anderen als den am Rechtsetzungsakt beteiligten Individuen zu verwirklichen ist[17].

Die inhaltliche Ordnung der einzelnen Rechtsnormen wird „durch den Inhalt des ordnenden Zwecks determiniert". Wo der „Inhalt eines Zwecks ordnet", leitet sich der Inhalt einer Rechtsnorm aus dem sie beherrschenden Zweck her[18]. Die inhaltliche „Verschiedenartigkeit der gewollten Zwecke schafft die Verschiedenartigkeit der Normen"[19]. In den Norminhalten werden somit stets menschliches Verhalten und andere Sachverhalte, die zu menschlichem Verhalten als dessen Bedingungen oder Wirkungen in Beziehung stehen, unter einem die spezifische Norm inhaltlich bestimmenden Zweck geordnet. Mit dem Norminhalt wird zugleich ein Zweck „bestimmt und gewollt"[20]. Er ist Inhalt des Rechtsetzungsaktes und als dieser von dem gesetzgeberischen Willen zwar gesetzt, jedoch nach erfolgter Setzung ein vom Setzungsakt unabhängiger Gedankeninhalt. Innerhalb des Norminhalts ist somit zwischen dem inhaltlich eingehend bestimmten, gesollten Verhalten als dem objektiven Zweck im engeren Sinne und dem Ziel, um dessen Willen dieses Verhalten gesollt ist, als dem objektiven Zweck im wei-

---

[16] Vgl. *Pekrun*, Richard, Das Deutsche Wort, 3. Aufl., 1955, S. 878. Danach ist der Zweck — in Anknüpfung an den Sprachgebrauch — ein kleiner Nagel, ein Pflock, auch: der Pflock in der Mitte der Schießscheibe, das Schießziel, daher in übertragenem Sinne auch das beabsichtigte, erstrebte Ziel.

[17] *Kelsen*, S. 23 unterscheidet zwischen subjektivem und objektivem Zweck in diesem Sinne. Anders als bei Kelsen wird jedoch im folgenden auf den Inhalt der Zwecke abgestellt.

[18] Dazu *Engliš*, Karel, Teleologische Theorie der Staatswirtschaft, 1933, S. 76, 94 f.

[19] *Fehr*, Dynamik, S. 54. In Abgrenzung gegenüber Ihering unterscheidet *Fehr*, Dynamik, S. 53, jedoch zwischen Zweck und Wirkung: „Damit man mir nicht den Vorwurf macht, ich wiederholte mit meinen Forderungen nach einem dynamischen Recht nur die alte Idee vom ‚Zweck im Recht', möchte ich zunächst ... den Zweck des Gesetzes von der Wirkung des Gesetzes scheiden." Für Fehr ist der Zweck im Recht „etwas Gewolltes, etwas bewußt Erstrebtes". „Im Zweck liegt Absicht." Folgerichtig erblickt er in der Rechtsnorm „das Mittel, um den Zweck zu erreichen". Während der Zweck jedoch vom Gesetzgeber gesetzt wird, tritt die Wirkung erst im Verlaufe des Gesetzesvollzuges ein. Vgl. *Fehr*, Dynamik, S. 55: „Den Zweck schafft der Gesetzgeber, die Wirkung schafft das Leben."

[20] *Fehr*, Dynamik, S. 55. — Wie *Fehr*, Dynamik, S. 56 erkennen läßt, liegt eine Finaldetermination des Rechtsgeschehens mit Hilfe der Rechtsnormen durchaus in seiner Absicht: „Wir ersehnen ein Gesetz, dessen Normen stärker die Wirkungsmöglichkeiten ins Auge fassen als bisher. Denn letzten Endes entscheidet nicht der Zweck, sondern die Wirkung."

teren Sinne zu unterscheiden. In dieser Unterscheidung kommt die Tatsache zum Ausdruck, daß jede positive Rechtsregel nicht sich selbst Zweck ist, sondern als praktische stets weiteren praktischen Zwecken dient. So hat z. B. das Verkehrsrecht nicht nur den Zweck, Regeln für den Verkehr um dieser Regeln willen aufzustellen, sondern seine Regeln dienen dem weiteren Zweck, die körperliche Sicherheit und das Eigentum der Verkehrsteilnehmer zu schützen. Wenn im folgenden von dem Zweck einer Rechtsnorm die Rede ist, so ist dieser objektive Zweck im weiteren Sinne gemeint, durch den der Norminhalt determiniert wird.

Da die Rechtsnormen, welche ein bestimmtes Verhalten als gesollt statuieren, damit zugleich der Verwirklichung ihres Zwecks dienen, können sie als Mittel zu diesem Zweck angesehen werden. Der vorerst noch gedachte tatsächliche Gehalt des die Norm inhaltlich determinierenden Zwecks ist bereits als die intendierte Wirkung der Rechtsnorm gekennzeichnet worden und unterscheidet sich von der im Falle der Zweckerreichung der Rechtsnorm erzielten tatsächlichen Wirkung allein durch den Modus. Dieser Unterschied besteht darin, daß die Wirkung im ersten Fall seinsollend, im zweiten Fall jedoch seiend ist. Die Unterscheidung zwischen dem Zweck als der durch eine Rechtsnorm intendierten Wirkung und der tatsächlich erzielten Wirkung beugt von vornherein gewissen Simplifizierungen und Fehldeutungen vor, die sich aus einer allzu schematischen und unkritischen Übertragung des Zweckgedankens auf das positive Recht ergeben könnten[21]. Der Zweck einer Rechtsnorm als die von ihr intendierte Wirkung ist nicht ein in der Sache vorbestehender, der sozialen Wirklichkeit irgendwie immanenter Zweck, sondern ein in der Rechtsnorm enthaltener bestimmter Gedankeninhalt, durch den menschliches Verhalten determiniert werden soll.

§ 10 Die Finaldetermination des Rechtsgeschehens

Die Beziehungen der Rechtsnormen zur sozialen Wirklichkeit können sowohl kausal als auch final, d. h. zweckläufig, vorgestellt werden. Das kausale Denken besteht darin, „jede konkrete Ursache als Wirkung einer anderen Ursache, und jede konkrete Wirkung als Ursache einer anderen Wirkung" zu betrachten[1]. Jede Rechtsordnung setzt die kausale Bestimmbarkeit des menschlichen Willens voraus und beruht auf der

---

[21] Vgl. dazu: *Topitsch*, Ernst, Sachgehalte und Normsetzungen, ARSP XLIV (1958), S. 189—205, 200.

[1] *Kelsen*, Hans, Kausalität und Zurechnung, ARSP XLVI (1960), S. 321—33, 330.

Annahme, daß der Mensch durch seine Vorstellungen von den Normen des Rechts zu einem normgemäßen Verhalten bestimmt werden kann[2]. Mit der gültigen Setzung von Rechtsregeln werden diese hinsichtlich der sozialen Wirklichkeit kausal. Die als gesollt statuierten Rechtsnormen wirken auf ihre Adressaten ein, indem sie Anforderungen an ihr Verhalten stellen. Ihre Motivationswirkung geht somit nicht vom Willen des Gesetzgebers aus, sondern von den gewollten Norminhalten. Die Akzeptierung der jeweiligen Verhaltensmuster kann vom bloßen Befolgen über eine zunehmende Identifikation mit den betreffenden Normen bis zu ihrer vollständigen Verinnerlichung (Internalisierung) reichen, in welcher die Konformität mit den durch die Verhaltensmuster statuierten Wertvorstellungen zu einer Bedürfnisdisposition in der Persönlichkeitsstruktur des Normadressaten wird[3].

Im Vorgang der Rechtsverwirklichung wird deutlich, daß die Rechtsnormen als Ursache unter Einschaltung des tatsächlichen Verhaltens der Normadressaten den Zweck der Norm (d. h. die intendierte Wirkung) kausal hervorbringen. Dabei darf jedoch nicht übersehen werden, daß dieser Vorgang zugleich final determiniert ist[4]. In ihm sind die Rechtsnormen und ihre Bestandteile als die eine tatsächliche Wirkung hervorbringenden Ursachen zugleich ad finem ausgewählte Mittel. Sie sind Objektivationen der gesetzgeberischen Zwecktätigkeit[5], die von vornherein im Hinblick auf diese Wirkung ausgeübt worden ist. Wenn die ausgewählten, in der Rechtsnorm statuierten Mittel der Reihe nach kausal hervorgebracht werden, wird zugleich der Zweck der Rechtsnorm realisiert. Schon an der Setzung der Rechtsnormen sind kausales und finales Denken beteiligt. Die gesetzten Rechtsnormen sind — schon vor ihrer Verwirklichung — sowohl kausal als auch final determiniert.

Rechtsetzung ist heute stets ein final bestimmter Vorgang. An seinem Beginn steht die durch eine tatsächliche Situation in der sozialen Wirklichkeit oder durch die planende Voraussicht hervorgerufene Vorstellung eines zukünftigen Zustandes, der sich als mögliches Objekt eines rechtsetzenden Aktes darstellt. Die Erwägungen des Verhältnisses,

---

[2] *Kelsen*, Kausalität, S. 332.

[3] Zum Prozeß der Verinnerlichung, d. h. der freiwilligen Aneignung von generalisierten Normen und Werten (Internalisierung), in dem objektive Normen zum Gegenstand der subjektiven Motivation gemacht werden, vgl. *König*, Soziologie, S. 39, 139 f., 220 ff.

[4] *Hartmann*, Nicolai, Teleologisches Denken, 1951, S. 19 bemerkt zutreffend, es sei „einem Ablauf als solchem nicht anzusehen, ob er bloß kausal oder auch final determiniert ist".

[5] Vgl hierzu: *Hartmann*, S. 23 f., der zwischen der Zweckmäßigkeit von Organismen (z. B. Schutzfarben) und der Zwecktätigkeit (Zweckläufigkeit) als einer realen Zweckbestimmtheit unterscheidet.

in welchem die an der Rechtsetzung Beteiligten zu der Vorstellung des künftigen Zustandes stehen, lassen sich in der Frage zusammenfassen, ob dieser zukünftige Zustand realisiert werden kann und soll[6]. Zur Beantwortung dieser Frage wird das näher umrissene Vorhaben auf seine technische Realisierbarkeit hin überprüft und zu den von den Rechtsetzenden zu beachtenden Zielen und Werten in Beziehung gesetzt. Fällt die Antwort positiv aus, so wird der erstrebte Zustand als Zweck gesetzt. Diese Zwecksetzung erfolgt unter „Überspringung des Zeitflusses" und stellt als diese eine gedankliche „Antizipation des Künftigen" dar[7]. Im empirischen Recht ist daher der Zweck kein formaler Begriff, sondern mit einem sehr komplexen, aber fest umrissenen Inhalt ausgestattet. Indem die an der Rechtsetzung Beteiligten sich im Finalverhältnis selbst diesen Zweck setzen, geben sie sich gedanklich eine bestimmte Richtung, die beim weiteren Vorgehen einzuhalten ist. Man kann daher sagen, daß der jeweilige „Inhalt des Zwecks ordnet"[8].

Die Positivierung der Rechtsnormen in konkreten Rechtsregeln erfolgt in einem Verfahren, in dem ein finales (zweckläufiges) Denken vorherrscht. Die Norminhalte werden dabei nicht allein durch die bereits gewordene soziale Wirklichkeit, sondern „von dem Endstadium her bestimmt", d. h. von dem künftig zu verwirklichenden Zweck her, auf den die Rechtsnorm abzielt und auf den sie — bildlich gesprochen — „hintendiert wie auf einen magnetischen Pol"[9]. Die Rechtsnorm wird als Ganze wie in ihren Bestandteilen als Mittel verstanden, das der Verwirklichung dieses spezifischen Zwecks dient. Die Erwägung, welche konkreten Mittel im Hinblick auf einen konkreten Zweck anzuwenden und im Wege der Rechtsetzung zu fixieren sind, setzt einen detaillierten Plan voraus, der alle zu setzenden Ursachen umfaßt, welche den beabsichtigten Zustand unter optimalen Bedingungen herzustellen versprechen. Daher geht die Selektion der Mittel — das Künftige gedanklich antizipierend — von dem erstrebten Zustand aus. Von dort schreitet sie — den Zeitfluß in Gedanken rückwärts durchlaufend — zu den dem Zustand nächsten Ursachen, von diesen zu den vorausgehenden Ursachen usf. bis zum Punkt des möglichen Eingriffs. Stehen unterschiedliche Mittel zur Wahl, ist ein zusätzlicher Vergleich unter dem Gesichtspunkt der Sicherheit des Eintritts einer mutmaß-

---

[6] Eine immer noch geeignete Grundlage für das Verständnis des menschlichen Handelns bietet die Abhandlung von *Sigwart*, Christoph, Der Begriff des Wollens und sein Verhältnis zum Begriff der Ursache, Kleine Schriften, II. Bd., 1889, S. 115—211.

[7] Vgl. die eingehende Analyse des Finalnexus bei *Hartmann*, S. 64 ff.

[8] *Engliš*, Theorie, S. 94.

[9] *Hartmann*, S. 4.

lichen Wirkung, eventueller Nebenwirkungen usf. erforderlich, um das
für den Zweck optimale Mittel bzw. eine optimale Mittelkombination
zu finden[10].

Die Norminhalte werden maßgeblich durch die Vorstellungen bestimmt, welche sich die Rechtsetzenden von der künftigen sozialen
Wirklichkeit machen[11]. Das in ihnen Vorweggenommene hat „die Seinsweise des Gedankens, der Absicht, des gesetzten Zwecks", eines „nur in
mente" vor seinem Realwerden Bestehenden[12]. Es wäre verfehlt, das
nur in Gedanken Vorweggenommene auch als ohne ein Denken bereits
real bestehend anzusehen[13]. Die aus den einzelnen Rechtsregeln abzu-
leitenden Rechtsnormen und die in ihnen enthaltenen Postulate werden
zwar durch Worte, Begriffe und Sätze zum Ausdruck gebracht und
sind als diese erkennbar. Die Rechtsnormen stellen jedoch — unabhängig davon, ob sie Zweckpostulate oder Mittelpostulate beinhalten —
eben nur postulierte (d. h. als gewollt vorzustellende) Gedankeninhalte
dar und bestehen als diese grundsätzlich unabhängig von ihren Objektivationen, nämlich auch dann, „wenn zufällig alle gedruckten Gesetz-
bücher vernichtet würden". Die Rechtsordnung besteht „unabhängig
vom gedruckten Papier"[14].

Auch der den Norminhalt bestimmende und in ihn eingehende Zweck
ist „nicht ein in der Sache vorbestehender", sondern nur „der in einem
planenden und schaffenden Bewußtsein vorbestehende und ihm allein
immanente Zweck"[15]. Der gedankliche „Vorgriff" in der Anschauungszeit ermöglicht allererst ein Setzen des Zwecks „in die Zukunft hinaus,
an einen Zeitpunkt, der noch nicht ist", des Zwecks, der gesetzt sein
muß, bevor aus ihm Mittel abgeleitet werden[16]. Während in der Realzeit „alles an seine Zeitstelle gebunden" ist und „aus ihr nicht heraus"
kann, gestattet die „eigenartige Bewegungsfreiheit, welche das Bewußt-

---

[10] Zur entsprechenden Problematik im ökonomischen Bereich: *Alschner,*
Gerd, Rationalität und Irrationalität in den wirtschaftlichen Handlungen
und ihre Erfassung durch die Wirtschaftstheorie, SchJ 77 (1957), S. 385—435,
bes. 392 ff.

[11] Ebenso im Hinblick auf das Wollen des handelnden Subjekts: *Sigwart,*
S. 168 f.

[12] Allgemein hierzu: *Hartmann,* S. 66.

[13] *Moncada,* S. 450 bemerkt, daß „jedes Recht für den Juristen aus Gedanken" besteht. Diese Gedanken, die „in Gesetzen, Rechtsbüchern, Sitten
und Handlungen der Menschen als erkennbare und verwertbare Wirklichkeit
vorhanden sind", stellen „in ihrem Inhalt ... etwas Objektives" dar. „Jeder
kann sie denken wie wir."

[14] *Engliš,* Theorie, S. 62 f.

[15] *Hartmann,* S. 66.

[16] *Hartmann,* S. 68, 70, 78.

sein in der Anschauungszeit hat", die Antizipation des Künftigen und das rückwärtige Durchlaufen der Zeitfolge[17].

In diesem Bezug auf Zeit wird der dynamisch-funktionale Charakter finalen Rechtsverständnisses deutlich. Nicht nur der gegenwärtige, sondern auch der künftige Lebens- und Tätigkeitsraum des Menschen wird in die Betrachtung einbezogen mit dem Ziel, die Reihenfolge der Veränderungen im Gefolge eines die soziale Wirklichkeit umgestaltenden Eingriffs so vollständig wie möglich vorauszusehen. Die bei der Zwecksetzung wie bei der Mittelwahl erforderliche Antizipation von Zukunftsdaten stellt jedoch nicht die Vorwegnahme schon feststehender, nur noch nicht eingetretener Sachverhalte dar[18]. Die antizipierten Zwecke lassen sich ex ante gar nicht hinreichend durch übersehbare Ursachen bestimmen, weil die volle Voraussicht im Sinne einer exakten Berechenbarkeit der Zukunft nicht möglich ist[19]. Angesichts der Ungewißheit hinsichtlich der antizipierten variablen Zukunftsdaten, die tatsächlich ja erst als Ergebnis der Antizipationen im realen Zeitablauf nach und nach eintreten, ist die gegenwärtige Rechtsgestaltung im Hinblick auf einen zukünftigen Zweck — und damit auch die Realisierung dieses Zwecks — stets mit einem nicht kalkulierbaren Risiko behaftet, da nicht sämtliche Ursachen und Wirkungen vorausbedacht werden können.

Das finale Denken überbrückt diese Schwierigkeit, indem es dort, wo das kausale Denken „mühsam die verstreuten Ursachen zusammensuchen" muß und sich im Wald der Tatsachen zu verirren droht, „diese ganze unabsehbare Aufgabe" überspringt und beim intendierten Endstadium ansetzt[20]. Auch dort, wo im Zeitpunkt der Normsetzung die eingehende kausale Vorherbestimmung noch nicht möglich ist, weil die Phänomene „in verwirrender Mannnigfaltigkeit zerfließen und das kausale Denken nur vereinzelte Fäden bestehender Zusammenhänge erfaßt", ermöglicht die Verstandeskategorie der Finalität (Zweckläufigkeit) ein vorausplanendes Ordnen. Die Zweckvorstellung bietet hier leicht „faßliche Einheitsaspekte" und schafft damit die Bedingungen für eine rechtliche Normierung als Vorausentwurf auf die Zukunft[21].

---

[17] *Hartmann*, S. 70 bemerkt zutreffend, daß „die Vorbedingung einer fruchtbaren Kategorialanalyse des Finalnexus in einer entsprechend eindringenden Analyse der Zeit liegt". Auf ihrem Ergebnis baut die dynamisch-funktionale Analyse des positiven Rechts auf.

[18] Zur Problematik der Antizipation: *Paulsen*, Andreas, Die wirtschaftlichen Grundbegriffe und der Zeitfaktor, JNS 161 (1949), S. 371—410, 374 ff.

[19] *Hartmann*, S. 4 führt dazu aus, daß „im kausalen Denken die Ursachenketten nach rückwärts divergierend ins Unendliche führen und alles Fortschreiten in ihrer Verfolgung die Mannigfaltigkeit nur weiter anwachsen, die Einheit aber immer mehr verschwinden läßt".

[20] *Hartmann*, S. 3.

[21] Vgl. *Husserl*, Gerhart, Recht und Zeit, 1955, S. 27: „Indem der Gesetz-

Hingegen ist die Verwirklichung des gesetzten Rechts, d. h. seine tatsächliche Anwendung und Befolgung durch ein den Rechtsnormen entsprechendes tatsächliches Verhalten, ein rechtläufiger, in der Realzeit ablaufender Prozeß. In ihm bewirken die Mittel einander der Reihe nach und zuletzt den Zweck. Dieses Bewirken ist ein kausaler Vorgang: jedes frühere Mittel bringt das spätere Mittel ursächlich hervor. In ihrer Gesamtheit bilden die Mittel eine Kausalreihe[22]. Im final gelenkten, tatsächlichen Prozeß sind „die Mittel die Ursachen, welche die Verwirklichung des Zwecks bewirken, der erreichte Zweck aber die Wirkung der Mittel, und zwar der ganzen Reihe der Mittel"[23]. Im Unterschied zu anderen, nicht final determinierten Kausalreihen sind hier die einzelnen Glieder daraufhin ausgewählt, „daß sie den gewünschten Effekt kausal hervorbringen".

Die Richtung und der Inhalt des Kausalgeschehens resultieren aus den jeweiligen Kausalfaktoren. Durch die Auswahl der Mittel im Hinblick darauf, ob sie den gesetzten Zweck direkt oder mittelbar zur Kausalfolge haben, wird das Kausalgeschehen determiniert. Der Kreis des Möglichen wird im realen Fortschreiten des Kausalgeschehens nicht enger, sondern weiter, da „alles, was an bestimmenden Momenten (Teilursachen) in ihm enthalten ist, sich auch unaufhaltsam weiter auswirkt"[24]. Wie *Hartmann* in seiner Kategorialanalyse des Kausalgeschehens darlegt, ist der Kausalprozeß nicht nur gegenüber den in ihm selbst auftretenden Ursachenmomenten indifferent, sondern auch „gegen determinierende Momente, die als Komponenten der Ursachenkomplexe von außen in ihn eintreten"[25]. Solche äußerern Momente können — ihrem Ursprunge nach — auch aus der Seinsweise des Gedankens herrühren. Das Kausalgeschehen „nimmt sie als Ursachenmomente mit unter die übrigen Ursachen auf" und führt die von ihnen in der Realzeit ausgehenden Wirkungen fort.

Diese Offenheit des realen Kausalgeschehens ermöglicht faktisch eine Finaldetermination durch die Rechtsnormen als objektivierte Gedankeninhalte. Mittels der Rechtsnormen können Kausalvorgänge zweckläufig gelenkt werden, indem eine zusätzliche Determinante in sie hinein-

---

geber Verhaltensnormen aufstellt, nimmt er eine Vorausverfügung über die Zukunft der Menschen vor, die diese Normen angehen. Er antizipiert ein Stück Zukunft." Zutreffend weist *Husserl*, S. 204 f. darauf hin, daß die Planungen des Rechts „keinen universalen Charakter" haben, sondern durch „Bereitstellung von Vorentwürfen eines sinnvollen Handelns" nur in beschränktem Umfange „dem Individuum die Aufgabe abnehmen, seine Zukunft selbst zu planen".

[22] Dazu *Hartmann*, S. 66 f., 70 f.
[23] *Hartmann*, S. 20.
[24] Dazu und zum folgenden: *Hartmann*, S. 121 f.
[25] *Hartmann*, S. 122.

getragen wird. Maßgeblich ist dabei die menschliche „Zwecktätigkeit" der Normsetzung, „d. h. die Fähigkeit, einem Realablauf die beiden ersten Akte des Finalgefüges vorausschicken zu können, die Zwecksetzung und die Selektion der Mittel"[26]. In dieser zweistufigen finalen Determination werden weitere Ursachenmomente geschaffen, die das Kausalgeschehen zusätzlich determinieren und „ihm damit eine veränderte Richtung geben". Durch den Eintritt dieser Finalkomponenten wird das Kausalgeschehen „auf ein Resultat ausgerichtet". Der Kausalprozeß erweist sich damit als durch höhere Determination „überformbar".

Die finale Überformung des Kausalgeschehens kann nur dann effektiv werden, wenn sie auf zutreffenden Kausaleinsichten basiert. Nur wenn die Mittel einander kausal in Richtung auf den Zweck hervorbringen können, ist auch der antizipierte Zweck realisierbar[27]. Die durchgehende Kausalität lähmt die Rechtsgestaltung nicht, sondern ermöglicht sie überhaupt erst, da nur in einem kausal determinierten Sozialgeschehen die finale Lenkung als Setzung zusätzlicher Ursachenmomente effektiv werden kann. Der Finalnexus setzt somit den Kausalnexus voraus[28].

Das funktionale, auf Sozialgestaltung abzielende Recht der Gegenwart ist durch eine besonders hohe, finale Überformung gekennzeichnet. Dem kausal verlaufenden Realvorgang der Rechtsverwirklichung gehen gleich zwei in mente sich vollziehende Akte voraus, nämlich die finale, das Endstadium gedanklich vorwegnehmende Zwecksetzung und die zweckentsprechende Mittelwahl. Beide Akte finden im Inhalt des positiven Rechts ihren Niederschlag. Funktionales Recht, das von vornherein auf eine bestimmte Wirkung im Sozialgeschehen hin konzipiert ist, ist zwar seinem Inhalt nach kausal determiniert, jedoch in finaler (zweckläufiger) Überformung. Die von ihm intendierte Wirkung wird nicht als Zufallsergebnis eines blinden Kausalgeschehens erhofft, sondern als Folgewirkung einer Reihe sich gegenseitig verursachender Mittel geplant, die im Hinblick auf diese Wirkung ausgewählt worden sind.

Wenn auch das Kausalgeschehen ein „Plus an Determination" gestattet[29], so wird eine Realdetermination doch nur dann zustandekommen,

---

[26] *Hartmann*, S. 80.

[27] Vgl. *Hartmann*, S. 72: „Wer einen Stein aufhebt, sich gegen einen wütenden Hund zu wehren, wählt den Stein um seiner Schwere willen; denn auf das Trägheitsmoment des Wurfes kommt es an. Er nutzt die Kausalwirkung der Masse aus."

[28] *Hartmann*, S. 73.

[29] *Hartmann*, S. 121 erblickt die „positive Freiheit des Menschen" darin, zu den seine Willensbildung beeinflussenden Kausalfaktoren als zusätzlich

wenn die vorbedachte „Isolierung der bewirkenden Momente" bei der Rechtsverwirklichung auch tatsächlich gelingt[30]. Andere Ursachenmomente als die ausgewählten Mittel können den Prozeß ablenken und die Finallenkung unter Umständen aufheben. In jedem Stadium der Rechtsverwirklichung stellt eine nicht vorgesehene Einwirkung als „fremde Determinante" eine Störung dar, eine „Ablenkung vom Zweck", die zu einer Durchbrechung und Aufhebung der Finalverknüpfung führen kann, sofern nicht „durch Selektion neuer Mittel die Ablenkung kompensiert" wird[31]. Kommt hingegen die Realdetermination zustande, so gleichen indentierte Wirkung und tatsächliche Wirkung einander bis ins Einzelne — abgesehen von ihrem unterschiedlichen Modus, das die erste seinsollend, die letzte hingegen seiend ist.

§ 11 Teleologisches Denken als Voraussetzung finaler Lenkung

Die in den Rechtsnormen enthaltenen Gedankeninhalte sind sehr unterschiedlichen Formen der Betrachtung zugänglich. Stellt man sich die Norminhalte lediglich als bestehend vor, so führt die dieser Anschauungsform entsprechende Frage nach dem Warum ihres Bestehens zu einer kausalen Deutung. Eine Rechtsnorm besteht ihrem Inhalt nach, weil etwas anderes vorausging und sie bewirkte. Neben dieser kausalen Denkform können die Rechtsnormen auch als ein Sollen, als Pflicht vorgestellt werden. Die Frage, warum etwas gesollt ist, kann in einer formalen, normativen Betrachtung nur mit einem anderen Sollen als dem logischen Grund beantwortet werden. Obwohl beide Denkformen ein Verständnis des positiven Rechts hinsichtlich gewisser Aspekte vermitteln, sind sie für eine dynamisch-funktionale Betrachtungsweise, die auf die Bezüge des Rechts zur sozialen Wirklichkeit abstellt, methodisch nicht hinreichend. Die im Bereich des empirischen Rechts so bedeutsame Finaldetermination wird durch keine der beiden Denkformen erfaßt. Ihre logische Analyse wird durch das teleologische Denken als „Form des empirischen Erkennens"[1] geleistet[2].

---

determinierendes Moment „seine eigene Stellungnahme zum Sollen" hinzuzufügen.

[30] *Hartmann,* S. 123 f.

[31] Vgl. *Hartmann,* S. 124: Angesichts der begrenzten „Vorsehung und Vorbestimmungskraft" des Menschen gibt es beides: „das Zerstörtwerden des Finalprozesses (das Mißlingen der Absicht) und das Zurücklenken auf den Zweck durch laufendes Überwachen des Prozesses".

[1] Grundlegend hierzu: *Engliš,* Karel, Begründung der Teleologie als Form des empirischen Erkennens, 1930, passim.

[2] Die Darstellung lehnt sich im folgenden weitgehend an die von *Engliš* konzipierte teleologische Theorie der Staatswirtschaft an. Während Engliš jedoch „aus der Anwendung der teleologischen Denkform auf den empirischen

Final determiniertes, funktionales Recht offenbart seinen Charakter
als dieses nur in einer spezifischen Anschauungsform: der teleologischen
Denkform. Sie ist eine selbständige Form, in welcher der Erfahrungs-
inhalt angeschaut wird[3]. Indem sie das positive Recht unter teleolo-
gischem Aspekt erfaßt und begreift, erweitert sie zugleich das Erkenntnisobjekt Recht in gegenständlicher Hinsicht. Sie betrachtet nicht nur
die normative Form des empirischen, gesetzten Rechts, sondern begreift
die Rechtsnormen als Postulate[4], d. h. als gewollte Gedankeninhalte.
Nicht der Wille der Rechtsetzenden „als kausale Tatsache", sondern
„das Gewollte"[5] als das in den Rechtsnormen inhaltlich Statuierte ist
Gegenstand der teleologischen Betrachtungsweise. Im teleologischen
Erkennen wird sein Gegenstand, das positive Recht, durch das begriffliche Rüstzeug der Finalität zum teleologischen Erkenntnisobjekt um-
gestaltet. Die vorhandenen Gedankeninhalte werden „nach der Finalität" geordnet[6]. Damit werden die Norminhalte als Objektivationen der
praktischen Rechtsetzungstätigkeit und der ihr zugrunde liegenden
Wertungen zum Gegenstand des Erkennens gemacht. Die teleologische
Anschauung „wertet selbst nicht", sucht jedoch die in den Rechtsnormen
enthaltenen Wertungen zu erkennen[7].

Die Verwendung der teleologischen Denkform im Rechtsdenken führt
zu einer teleologischen Begriffsbildung, teleologischen Urteilen und
Sollenssätzen und damit zu einer Reihe von Grundsätzen, nach denen
die in den Rechtsnormen enthaltenen Gedankeninhalte geordnet werden
können. Das teleologische Denken begreift das Verhalten der Menschen
als durch das Recht nach bestimmten Zwecken geordnet. Die „teleologische Ordnung", die auf diese Weise in das empirische Recht „proji-
ziert"[8] wird, darf keinesfalls zu der Annahme verleiten, den durch die
Norminhalte gemeinten Vorgängen oder Objekten hafte tatsächlich eine
„teleologische Qualität" gleichsam an. Vielmehr handelt es sich um
„Beziehungsqualitäten", die den Vorgängen bzw. Objekten „unter dem
Gesichtspunkte eines Zweckes zugeschrieben", d. h. nur gedanklich
in sie hineinprojiziert werden[9]. Die Gesetze teleologischen Denkens lassen sich daher auch „unabhängig von jedem Stoff und Inhalt"[10] entwickeln.

---

wirtschaftlichen Inhalt" eine „Theorie der Wirtschaft" entfaltet — dazu *Engliš*,
Theorie, S. 5 —, wird hier die teleologische Denkform auf das positive Recht
angewandt.
[3] *Engliš*, Theorie, S. 60.
[4] *Engliš*, Theorie, S. 62 ff.
[5] *Engliš*, Theorie, S. 16.
[6] *Engliš*, Theorie, S. 60.
[7] Dazu *Engliš*, Theorie, S. 59, 68.
[8] *Engliš*, Theorie, S. 27 f., 76.
[9] *Engliš*, Theorie, S. 29.
[10] *Engliš*, Theorie, S. 11.

Die Analyse der teleologischen Denkform verdeutlicht den logischen Charakter der bei der Finaldetermination angewandten Denkweise. In der teleologischen Form der Anschauung werden gedankliche Inhalte als Mittel und Zweck miteinander verknüpft, so daß „eine Ordnung der gewollten Gedankeninhalte" entsteht: „die ordnenden sind die Zwecke, die geordneten die Mittel[11]." Die gewollten Gedankeninhalte (Postulate) setzen als „logischen Zurechnungspunkt" ein Willenssubjekt voraus. Die tatsächlich handelnden Willenssubjekte können jedoch „ganz in den Hintergrund treten", da bei der teleologischen Denkform der Schwerpunkt „in dem sachlichen Zusammenhang des Gewollten" liegt[12]. Gegenstand der Betrachtung sind Postulate und Komplexe zusammengehöriger Postulate. Auch im Postulatenkomplex begründet das Ordnungsprinzip der Finalität die Zusammengehörigkeit. Die einheitliche systematische Anordnung der Postulate erfolgt „inhaltlich", „nach Mitteln und Zwecken". Dabei ist ein Glied jeweils „im Hinblick auf das untergeordnete Glied, das als Mittel erscheint, Zweck, im Hinblick auf das übergeordnete, das als Zweck erscheint, Mittel"[13]. Der verschiedenen Postulaten gemeinsame Zweck steht an der Spitze des Postulatenkomplexes und ist als „das letzte Glied im teleologischen Denken" zugleich Endzweck. Aus inhaltlich verschiedenen Endzwecken „ergeben sich verschiedenartige und daher unvergleichbare Qualitäten"[14].

Die Normen einer Rechtsordnung können nicht als ein geschlossenes System von als gewollt vorgestellten Gedankeninhalten angesehen werden. In diesem Falle müßte die Rechtsordnung teleologisch als System von Zweck- und Mittelpostulaten gedacht werden, das in einem obersten Zentralzweck gipfelt. Formalteleologisch ist zwar ein derartiger gemeinsamer, allen Unterzwecken und Mitteln übergeordneter und sie beherrschender Zweck denkbar. Im Bereich des positiven Rechts muß jedoch ein derartiger alle konkreten Zwecke übergreifender, abstrakter Zentralzweck eine so inhaltsarme Abstraktion darstellen, daß sein Gehalt nicht mehr mitteilbar ist[15] und daher eine Finaldetermination von Norminhalten nicht zuläßt. Eine dynamisch-funktionale Rechtsbetrachtung und Rechtsgestaltung wird daher stets ihre gedanklichen

---

[11] *Engliš*, Theorie, S. 12 ff., 16 f.

[12] *Engliš*, Theorie, S. 16 bemerkt jedoch zutreffend, „Ursprung der Teleologie" sei „der ordnende Eingriff der intelligenten Willenssubjekte in die mechanische Kausalität".

[13] *Engliš*, Theorie, S. 20 f.

[14] *Engliš*, Theorie, S. 25 (mit Beispielen unterschiedlicher Endzwecke).

[15] *Topitsch*, Ernst, Über Leerformeln, in: Festschrift für Viktor *Kraft*, 1960, S. 233—64, bes. S. 263 bemerkt dazu, derartig unbestimmte Formeln könnten infolge ihrer mangelnden Falsifizierbarkeit den Eindruck „ewiger Wahrheiten" erwecken und als „zeitlose, absolute Prinzipien" gelten, ohne einen konkret angebbaren Wert- und Normgehalt zu besitzen.

Operationen auf inhaltlich mitteilbare und genau umgrenzbare Zwecke beschränken, weil nur diese objektive (teleologische) Werturteile[16] bei der Mittelwahl im Hinblick auf die spezifischen Zwecke zulassen. Die Finaldetermination ist unabhängig von einem bestimmten Aktionszusammenhang eine „sehr fragwürdige Angelegenheit", da man bei der Verfolgung möglicher Mittel-Zweck-Beziehungen alsbald in ein schwer durchschaubares Dunkel gerät[17]. Mit der Beschränkung auf material bestimmte Nahzwecke ist andererseits nicht die Forderung verknüpft, daß der Mitteleinsatz sich nur am isolierten Einzelziel zu orientieren habe. In der Regel geht es gerade nicht darum, ein isoliertes Ziel mit Mitteln des Rechts zu verwirklichen. Daher sind bei der Wahl der Mittel stets die Zusammenhänge möglicher Ziele zu berücksichtigen. Normatives, kausales und teleologisches Denken schließen sich dabei nicht aus, sondern ergänzen einander.

§ 12 Die Axiologie der Rechtsetzung

Sofern Rechtsetzung das in den Norminhalten umschriebene menschliche Verhalten im Rahmen des kausal Möglichen final determiniert, um das reale Kausalgeschehen im Hinblick auf spezifische Zwecke zu lenken und zu begrenzen, beschränkt sie sich weder auf logische Deduktionen noch auf die Einkleidung von Sachgesetzlichkeiten in das Gewand des Gesetzes, sondern nimmt zugleich eine Sinngebung nach Maßgabe bereits geltender Wertmaßstäbe[1] vor. Alle Rechtsnormen enthalten zugleich Wertungen des Gesetzgebers hinsichtlich der durch die Normen geregelten Lebenssachverhalte.

Bei der Vornahme derartiger Wertentscheidungen spielt die Logik, deren Bedeutung in diesem Rahmen von Fachjuristen allzu gern überschätzt wird, nur eine untergeordnete Rolle. Die Logik gibt lediglich die Gesetze des Denkens an, die bei der Setzung der Rechtsnormen

---

[16] Vgl. zum teleologischen Werturteil: *Engliš*, Theorie, S. 26 ff. — Zutreffend weist *Engliš* darauf hin, daß sich das Mittel „aus dem Zweck nicht logisch" ergebe, weil zu einem Zweck auch mehrere Mittel — mehr oder weniger gut — führen können.

[17] *Albert*, Wissenschaft, S. 217. — Zutreffend weist *Austeda*, S. 88 f. auf die Auswüchse hin, die ein übertriebener „Finalismus", etwa im Bereich der Naturphilosophie, außerhalb der menschlichen Zwecktätigkeit zeitigt.

[1] Im folgenden kann nur in großen Zügen auf die rechtstheoretische Bedeutung der jeder rechtlichen Normierung zu Grunde liegenden Axiome eingegangen werden. Diese Axiome werden vom Rechtstheoretiker als Ausgangspunkt für logische Deduktionen akzeptiert, ohne selbst logisch ableitbar zu sein. Es kann nicht Aufgabe dieser Arbeit sein, neben die unter funktionalem Aspekt angestellten rechtstheoretischen Überlegungen eine Werttheorie zu stellen. Vgl. hierzu: *Kruse*, Fr. Vinding, Erkenntnis und Wertung, 1960; *Kraus*, Oskar, Die Werttheorien. Geschichte und Kritik, 1938; *Cohn*, Jonas, Wertwissenschaft, 1932; *Bauch*, Bruno, Wahrheit, Wert und Wirklichkeit, 1923.

beachtet werden müssen. Dabei handelt es sich nicht um die Gesetze des tatsächlichen Rechtsdenkens, da dieses auch logisch falsch sein kann[2]. Vielmehr geht es hier um die „Gesetzmäßigkeiten, die wir beobachten müssen, wenn wir eine Ordnung herstellen wollen", um die denkmäßigen Voraussetzungen „für den Aufbau der Erfahrung wie für alle Erkenntnis überhaupt". Diese Grundbeziehungen sind — auf das tatsächliche Rechtsdenken bezogen — „Vorschriften für das Denkverfahren". Die vom Gesetzgeber zu beachtenden Gesetze der Logik stellen sich somit als „Normen des Denkens"[3] dar.

Soweit es für den Gesetzgeber darauf ankommt, einen Ausschnitt aus der sozialen Wirklichkeit in tatsächlicher Hinsicht näher zu kennzeichnen, besteht die Denkarbeit darin, ein „Begriffsnetz" über die konkrete „Realität der Tatsachen und Gegebenheiten" zu werfen[4]. Im Inhalt der Rechtsnormen gehen jedoch begrifflich erfaßtes menschliches Leben und ihm durch die Rechtsetzenden zugeschriebener Sinn eine enge Verbindung ein. Der in einer Rechtsnorm ausgesprochene Sinn resultiert aus den menschlichen Wertungen, die im Hinblick auf die in der Norm umschriebenen oder vorausgesetzten Fakten und menschlichen Betätigungen abgegeben worden sind. Das Interesse einer dynamisch-funktionalen Theorie gilt daher dem Einfluß menschlicher Wertungen auf die Rechtsinhalte.

Wird ein menschliches Verhalten durch die Wertbegriffe einer Rechtsvorschrift in positiver oder negativer Hinsicht ausgezeichnet, d. h. als in bestimmter Art wertvoll oder wertlos gekennzeichnet, so hat es Wert oder Unwert. Es ist hingegen kein Wert oder Unwert[5]. Was im Wertbereich tatsächlich vorliegt, sind lediglich die menschlichen Wertungen[6]. Diese Wertungen kommen dadurch zustande, „daß Dinge und Personen durch ihre Beschaffenheit unmittelbar Stellungnahmen zu sich veranlassen", weil diese Beschaffenheit „uns innewohnenden Tendenzen entspricht oder widerstreitet". Die Wertungen können praktische Werthaltungen oder Werturteile darstellen. Während alle wirkliche Wertschätzung in einem praktischen Verhalten, in einer tatsächlichen Werthaltung gegenüber einem Objekt besteht, wird im Werturteil „nur

---

[2] Vgl. *Engisch*, Karl, Aufgaben einer Logik und Methodik des juristischen Denkens, StG 1959, S. 76—87, bes. S. 76, der zutreffend auf die „klare Unterscheidung psychologischer und logischer Fragestellung" hinweist.

[3] *Kraft*, Erkenntnislehre, S. 139 ff., 142.

[4] *Moncada*, S. 457.

[5] *Kraft*, Victor, Einführung in die Philosophie, 1950, S. 90: „Das einzelne ist etwas, das Wert hat, aber nicht selbst ein Wert ... ist."

[6] *Kraft*, Victor, Die Grundlagen einer wissenschaftlichen Wertlehre, 2. neubearbeitete Auflage, 1951, S. 11: „Wertungen sind einzelne konkrete Erlebnisse in der Zeit, sind empirische Tatsachen." — Allgemein hierzu: *Kraft*, Einführung, S. 94 ff.

eine theoretische Zuerkennung von Wert" ausgesprochen, der nicht immer eine „tatsächliche, praktische Zuerkennung entsprechen muß"[7]. In Werturteilen werden Gegenständen oder Personen bestimmte Werte durch Wertprädikate, d. h. Wertbegriffe in substantivischer, adjektivischer oder verbaler Form zugeschrieben. Diese Gegenstände oder Personen sind damit Wertträger, aber nicht selbst Werte.

Werte in diesem Sinne sind „Abstraktionen aus dem Gewerteten, so wie die Farbe aus dem Farbigen". In diesen Abstraktionen sind die Arten, in denen etwas wertvoll sein kann — z. B. als angenehm, als schön, als nützlich usf. — „gedanklich isoliert und begrifflich gefaßt". Sie werden „für sich allein gedacht, ohne Beziehung auf ein Subjekt und ein Objekt". Diese Werte sind „allgemeine Arten von Beschaffenheiten oder Beziehungen, die als wertvoll gelten", wie z. B. die Gesundheit (generelle Beschaffenheit) und die Treue (generelle Beziehung)[8].

Allen Werten ist die auszeichnende Komponente, der Wertcharakter, gemeinsam. In den Werten sind „Beschaffenheiten oder Beziehungen als allgemeine mit dem Wertcharakter verbunden", während in den Wertungen diese Beschaffenheiten und Beziehungen mit bestimmten Gegenständen oder Klassen von solchen Gegenständen verknüpft sind. Der Unterschied zwischen den Werten und dem Wertvollen (den Wertträgern oder Wertgütern!) liegt nicht im Wertcharakter, sondern im Sachlichen. Die Verschiedenheit der Werte beruht „auf ihrem sachlichen Gehalt"[9]. Die Wertarten werden durch die allgemeinen Objektbeschaffenheiten oder Subjektzustände konstituiert[10].

Den Wertungen als empirischen Tatsachen treten somit die Werte als „allgemeine, begriffliche Gehalte" gegenüber, als etwas, „das Wertvollem in gleicher Weise zukommt" und ihm gemeinsam ist: „den Kunstwerken die Schönheit, den Mitteln die Nützlichkeit, Gesinnungen die Sittlichkeit[11]." Werturteile, in denen die Zuschreibung von Werten erfolgt, lassen sich jedoch nicht als reine Tatsachenaussagen auffassen oder in solche umformen. Damit ginge ihr Wertcharakter verloren, da Tatsachen als solche wertfrei sind[12]. Im Werturteil wird nicht nur „die persönliche Stellungnahme des Wertenden kundgegeben, son-

---

[7] *Kraft*, Einführung, S. 91: „Es gibt heuchlerische und es gibt konventionelle Werturteile, die geäußert werden, ohne daß eine entsprechende Wertschätzung auch im Verhalten zum Ausdruck kommt."

[8] *Kraft*, Grundlagen, S. 18.

[9] *Kraft*, Grundlagen, S. 19.

[10] *Kraft*, Einführung, S. 93.

[11] *Kraft*, Grundlagen, S. 11.

[12] Vgl. hierzu: *Albert*, Hans, Das Werturteilsproblem im Lichte der logischen Analyse, ZgStW 1956, S. 410 ff.; ds., Das Wertproblem in den Sozialwissenschaften, SchweizZVS 1958, S. 335.

dern dieser will damit eine unpersönliche Charakterisierung des Gegenstandes geben; er mutet seine Stellungnahme auch allen anderen zu".
Werturteile sind Direktiven zur Stellungnahme gegenüber einem
Gegenstand, weil sie nicht einen „bestehenden Sachverhalt darstellen,
sondern die Herstellung eines Sachverhaltes erst verlangen"[13].

Bei der empirischen Feststellung tatsächlich vorhandener Wertungen
darf die Mannigfaltigkeit menschlicher Wertungen nicht überschätzt
werden. Kulturgeschichte und Völkerkunde zeigen, daß die Wertungen
nicht in lauter individuelle auseinanderfallen, sondern in weitem Umfang übereinstimmen[14]. Lediglich hinsichtlich der als wertvoll betrach-
teten Güter gehen die Wertungen vielfach auseinander, während hinsichtlich der den Gegenständen in den Wertungen zugeschriebenen
Werte weitgehend Übereinstimmung besteht[15]. Da das Wertvollsein
eines Gegenstandes auf seiner praktischen Bedeutsamkeit für das Fühlen und Wollen des Menschen beruht, hängen die Wertungen von dem
ab, „was ein Mensch erstrebt oder was seine Gefühle erweckt". Trotz
erheblicher Abweichungen in der Wertung dessen, was als wertvoll
betrachtet wird, führen gleichartige Umgebung und gleichartige Lebensbedürfnisse zu übereinstimmenden Wertungen. Die Menschen wollen
und fühlen „in gleicher Weise und es stehen ihnen dafür dieselben
Gegenstände zur Verfügung". Dennoch aufweisbare Unterschiede haben
weniger individuellen, sondern eher generellen Charakter. Innerhalb
sozialer Gruppen und Schichten, in der Familie wie in den Berufs-
ständen, in einem Kulturkreis und einer Epoche gibt es „je einen Stock
von Wertungen, die gemeinsam sind", sowie eine „Rangordnung der
Werte"[16]. Diese überindividuellen, aus der „Wechselwirkung der Individuen im Zusammenleben" sich ergebenden Wertungen „tragen das
Gepräge einer bestimmten Kultur und historischen Entwicklungs-
stufe"[17].

---

[13] *Kraft*, Grundlagen, S. 198 f.

[14] Hierzu: *Kraft*, Einführung, S. 92 ff.

[15] Wie *Kraft*, Einführung, S. 96 bemerkt, hat es in allen Kulturen „Regeln
für das, was erlaubt und was verboten war, gegeben". Die Werte (des Rechten,
des Nützlichen, des Schönen usf.) als „Arten des Wertvollseins" sind jedoch
erst im Laufe der kulturellen Entwicklung nach und nach ins Bewußtsein
getreten.

[16] *Kraft*, Einführung, S. 118 ff. legt dar, daß „keine eindeutige Rangordnung der Werte erkennbar" ist. Eine derartige Rangordnung wird „nur im
Kulturprozeß geschaffen und gehört zu dem, was eine historische Kultur
charakterisiert". Vgl. auch: *Kraft*, Einführung, S. 98: „Der Spießbürger hat
seine charakteristischen Wertungen und ebenso, aber andere, der Bohème.
Der Wertskala des mittelalterlichen Mönches steht die des Ritters gegenüber.
Und wenn man die Antike und das Christentum gegeneinander hält, so zeigt
jede dieser ganzen Epochen ein eigenes Wertsystem."

[17] *Kraft*, Grundlagen, S. 239 f.

Darüber hinausgehend stellt sich die Frage, ob — abgesehen von der durch Rechtsnormen ausgesprochenen Zuschreibung von Werten — absolute, d. h. für sich bestehende Werte als „vor-begriffliche oder praetheoretische Wesenheiten"[18] bestehen, welche als überzeitlich gültige unsere der irdischen Zeitlichkeit verhaftete menschliche Daseinsordnung überragen. Die deutsche Wertphilosophie des 20. Jahrhunderts hat im Anschluß an Plato eine besondere Theorie der Werte und ihrer Erkenntnis entwickelt.

Für *Scheler* sind die Werte „apriorische Gehalte", „ideale Bedeutungseinheiten", die im Fühlen und Vorziehen unmittelbar geschaut werden und den Wertungserlebnissen der verschiedenen Subjekte identisch und zeitlos gegenüberstehen[19]. Die Werte bestehen somit an und für sich als eine eigene Art von Gegenständen und unabhängig von der Erfahrungswirklichkeit. Die phänomenologische Erfahrung[20] ist das „Mittel, sie selbst abgesondert von allem anderen sehen zu machen"[21].

Während Scheler die Werte einem Reich des idealen Seins zuweist, ordnet *Rickert* die Werte einem irrealen Reich der Geltung zu. Für ihn sind die Werte etwas, „was weder real noch ideal existiert, trotzdem aber etwas ist"[22]. „Die irrealen Werte stehen als ein Reich für sich allen wirklichen Gegenständen gegenüber, die ebenfalls ein Reich für sich bilden[23]."

Auch für *Hartmann* gibt es „ein für sich bestehendes Reich der Werte"[24]. Werte sind für ihn „nicht bloße Funktionen der Wertung", sondern „ihrer Seinsweise nach platonische Ideen"[25], denen er ein „ideales An-sich-sein"[26] zuschreibt. Hartmann siedelt die Werte „jenseits der Wirklichkeit wie jenseits des Bewußtseins"[27] an. „Die Apriorität des Wissens um sie ist keine intellektuelle, reflexive, sondern eine emotionale, intuitive[28]."

---

[18] *Moncada*, S. 457.
[19] Vgl. *Scheler*, Max, Der Formalismus in der Ethik und die materiale Wertethik, 1916, S. 447, 465, 468.
[20] *Scheler*, S. 47 unterscheidet ausdrücklich ein „reines unmittelbares Erfahren" und ein „durch Setzung einer Naturorganisation bedingtes und hierdurch vermitteltes Erfahren".
[21] *Scheler*, S. 449.
[22] Vgl. *Rickert*, Heinrich, System der Philosophie, Bd. 1, 1921, S. 115, 121, 124.
[23] *Rickert*, S. 114.
[24] Vgl. *Hartmann*, Nicolai, Ethik, 2. Aufl., 1935, S. 651: „Werte haben ein ideales An-sich-sein; ein solches ist mit seiner apriorischen Einsichtigkeit zugleich auch gegeben."
[25] *Hartmann*, Nicolai, Das Wertproblem in der Philosophie der Gegenwart, Actes du 8me Congrès international de Philosophie 1934, 1936, S. 975 f.
[26] Vgl. *Hartmann*, Ethik, 16. Kapitel: „Das ideale An-sich-sein der Werte."
[27] *Hartmann*, Ethik, S. 140, 651.
[28] *Hartmann*, Ethik, S. 109.

Die bisherigen Versuche, aus vorgeblich absoluten Werten Maßstäbe für eine Lebensnormierung zu gewinnen, genügen nicht den Anforderungen, die vom Standpunkt des hier vorausgesetzten Wissenschaftsbegriffs an das wissenschaftliche Erkennen zu stellen sind. Wissenschaftliche Erkenntnis ist nur dort möglich, wo eine grundsätzliche Nachprüfbarkeit gegeben ist, die auf eigener Einsicht beruht[29]. Sie unterscheidet sich von willkürlichen Behauptungen dadurch, daß ihre Geltungsgrundlage sich stets klar angeben läßt. Die letzten Geltungsgrundlagen bestehen in der Logik, auf deren Regeln alle „Ordnung der Begriffe, alles Schließen, alles Beweisen beruht", und im Erleben[30]. Die in den Umrissen skizzierten wertphilosophischen Ansätze kranken vor allem an dem Bestreben, ein System absoluter Werte mit Hilfe der Intuition zu begründen. Die Intuition bedarf selbst des Nachweises ihrer Gültigkeit. Allein verbürgt sie noch nicht die Wahrheit, sondern wird erst zur Erkenntnis, wenn sie sich bestätigt. Diese Bestätigung wird „für eine Behauptung über Tatsachen nur durch die Erfahrung gegeben". Wissenschaftliche Erkenntnis kann „nur durch Erfahrungserkenntnis aufgebaut werden", ist „an diese gebunden und kann dann nicht über den Bereich der Erfahrung hinausgehen"[31]. Daher bezeichnet *Kraft* die These, daß im Gefühl ein intuitives Erkennen stattfinde, zutreffend als unberechtigte dogmatische Behauptung[32]. Ein spekulatives Hinausgehen in den Bereich des Transzendenten ist als Metaphysik „unerkennbar" und „bleibt von wissenschaftlicher Erkenntnis grundsätzlich ausgeschlossen"[33]. Die „Erkenntnis absoluter Werte auf dem Wege emotionaler Intuition" ist — nach den Worten von Kraft — eine „haltlose Prätension".

Die individuelle Behauptung, etwas „erschaut" zu haben, ist nicht ausreichend, um die Geltung dieser Behauptung zu begründen[34]. Erklärt man die Intuition als durch sich selbst gültig, so erspart man

---

[29] Zu den Bedingungen wissenschaftlicher Erkenntnis: *Kraft*, Einführung, S. 50 f.

[30] Vgl. *Kraft*, Einführung, S. 51: „Daß man etwas gesehen oder sonstwie wahrgenommen hat, darin liegt eine nicht wegzuleugnende Tatsache, auch wenn es nicht immer die Tatsache ist, die man zunächst damit vor sich zu haben glaubt."

[31] Zutreffend bemerkt *Kraft*, Einführung, S. 69: „Es besteht gar keine Möglichkeit, etwas Erfahrungsjenseitiges in bestimmter Weise auch nur zu denken. Denn es ist völlig zweifelhaft, ob sich unsere aus der Erfahrung gewonnenen Begriffe zu seiner Bestimmung verwenden lassen. Und gänzlich andere können wir uns nicht ausdenken. Nicht einmal, daß die Verwendung empirischer Begriffe unstatthaft sei, kann man behaupten. Denn man kann ja eben überhaupt nichts darüber sagen, was im Unerfahrbaren gilt und was nicht."

[32] *Kraft*, Einführung, S. 65, 92.

[33] *Kraft*, Einführung, S. 70.

[34] *Kraft*, Einführung, S. 64.

sich überhaupt die Arbeit der Begründung[35]. Auch die Rückführung individueller Intuitionen auf allgemeine intersubjektiv nachvollziehbare Erfahrungen ist nicht vollziehbar[36]. Der Umstand, daß tatsächlich Werte für sich allein gedacht und begrifflich gefaßt werden, ohne die Beziehung auf ein Subjekt oder Objekt, bedeutet nicht, daß sie als selbständige Wesenheiten bestehen. Von dem hier vorausgesetzten Wissenschaftsbegriff her gesehen, handelt es sich dabei lediglich um „unzulässige Verselbständigungen von Begriffen"[37]. Die wissenschaftliche Erkenntnis absoluter erfahrungstranszendenter Werte erscheint ausgeschlossen[38]. Die Frage, ob es nicht wenigstens einer spekulativen Philosophie möglich ist, das Erfahrungsjenseitige, das Transzendente, zu erkennen, braucht in dem hier gegebenen rechtstheoretischen Rahmen nicht erörtert zu werden. Es fällt jedoch auf, daß die wertphilosophischen Bestimmungen[39] absoluter Werte und ihrer Rangfolge ganz erheblich differieren. Das ethische Motiv der skizzierten wertphilosophischen Ansätze dürfte letztlich darin liegen, „die Unbedingtheit der sittlichen Werte zu sichern" und sie „über alle Relativität" zu erheben[40].

Hingegen ist das Verhältnis zwischen der Wirklichkeit und dem ihr zugeschriebenen Sinn sowie den konkreten Bedeutungen der wissenschaftlichen Erkenntnis grundsätzlich zugänglich. Da die Rechtsnormen auf die Bestimmung menschlichen Verhaltens in der sozialen Wirklichkeit abzielen, gehen in den Norminhalten Verhaltensmuster und Sachgehalte der Daseinsordnung eine enge Verbindung ein. In den Rechtsnormen erfolgt eine Sinngebung unter Werten, in der menschlichen Verhaltensweisen im Hinblick auf bestimmte Fakten ein spezifischer, relativer Sinn zugeschrieben wird. Die rechtliche Normierung basiert somit auf Tatsachenerkenntnissen und Werturteilen.

Rechtliche Normierung ist aber nur da sinnvoll, wo Handlungsmöglichkeiten im Sinne praktischer Alternativen bestehen, da die Setzung von Handlungsanweisungen sinnlos ist, wenn eine Situation eindeutig durch unbeeinflußbare Sachverhalte bestimmt wird. Rechtsnormen sind

---

[35] *Kraft*, Einführung, S. 92.
[36] *Kraft*, Einführung, S. 59 ff., 62 f.
[37] *Kraft*, Einführung, S. 95.
[38] *Funke*, S. 28 führt zutreffend aus: „Allgemeine, inhaltlich gefüllte Rechtssätze werden, als apriori gültig, nicht ermittelt. Es werden nur zwischen bestimmten Setzungen logisch vorfindliche Sinnzusammenhänge aufgewiesen. Eine praktikable apriorische Rechtstheorie erscheint damit wissenschaftlich als Utopie. Was sinnvoll an ihr ist, reduziert sich auf die Sinn- und Bedeutungsanalyse von Rechtsbegriffen."
[39] *Kraft*, Grundlagen, S. 7.
[40] *Kraft*, Grundlagen, S. 7 ff.

nur dann und insofern zu setzen, als überhaupt Sachverhalte durch menschliche Handlungen beeinflußt und geordnet werden können[41].

Rechtsnormen werden jedoch nicht aus den Sachverhalten als solchen hergeleitet[42]. Aus der Ermittlung von Sachverhalten durch Beobachtung der Wirklichkeit kann für die Rechtsgestaltung lediglich der Schluß gezogen werden, daß unter gewissen Umständen ein bestimmtes Verhalten bestimmte Wirkungen auslöst, jedoch nicht gefolgert werden, daß die Erzielung dieser Wirkungen durch ein derartiges Verhalten auch rechtens ist (Werturteil). Die Feststellung, daß ein bestimmtes menschliches Verhalten geeignetes Mittel zur Verwirklichung eines bestimmten Zwecks ist, stellt jedoch nur ein teleologisches Werturteil[43] dar, in welchem einem Wertträger, dem menschlichen Verhalten, durch ein Wertprädikat („geeignet"!) ein Wert im Hinblick auf den spezifischen Zweck zugeschrieben wird. Es darf nicht übersehen werden, daß dieser adjektivische Wertbegriff ausschließlich der Wertart des Nützlichen angehört. Da die Nützlichkeit „nur ein Bewertungsfaktor unter vielen"[44] ist, von der aus die Welt „als ein Feld von Werten der Brauchbarkeit, Dienlichkeit und Tauglichkeit zu etwas" ausgelegt wird[45], sind Mittel und Zweck nur dann zum Gegenstand von Rechtsnormen zu erheben — d. h. als gesollt zu statuieren —, sofern sie auch von Rechts wegen wert sind, angestrebt und verwirklicht zu werden. Erforderlich sind somit zusätzliche, an den bereits fixierten Rechtswerten orientierte Wertungen und Werturteile. Derart zustande gekommene Rechtsnormen sind trotz der von ihnen intendierten Nützlichkeitswerte insofern „nicht Selbstzweck, sondern Mittel zu deren höher bewerteten Zwecken"[46].

---

[41] *Topitsch*, Sachgehalte, S. 200.

[42] Vgl. dazu: *Bobbio*, Norberto, Über den Begriff der „Natur der Sache", ARSP XLIV (1958), S. 305—21, 312: „Die unterschiedliche Bewertung, die ich ... den Folgen einer Handlung geben kann, kommt nicht aus der Feststellung, daß jene Handlung jene Folgen hat, sondern aus der Bewertung dieser Folgen als guter, schlechter oder indifferenter Folgen, d. h. aus einem Werturteil."

[43] Vgl. oben S. 85 f.

[44] *Westermann*, Harry, Wesen und Grenzen der richterlichen Streitentscheidung im Zivilrecht, 1955, S. 20.

[45] *Lersch*, S. 25 f.

[46] Vgl. *Topitsch*, Sachgehalte, S. 200, der zutreffend bemerkt, daß z. B. im Straßenverkehrsrecht unter dem Gesichtspunkt bloßer Nützlichkeit die Ordnung des Straßenverkehrs sowohl nach dem sachlichen Kriterium: rechts vor links als auch nach dem Kriterium: links vor rechts erfolgen kann. Jedoch hat die Verkehrsregelung — einmal fixiert — „den Zweck, die körperliche Sicherheit und das Eigentum der Verkehrsteilnehmer zu schützen" und dient insofern „höher bewerteten Zwecken", genauer: dem Schutz von Rechtsgütern.

In der kulturellen Gestaltung seiner Umwelt gemäß seinen Bedürfnissen und Wünschen hat der Mensch sich nicht einfach seinen Trieben
überlassen, sondern „entgegen seinen Trieben Ziele aufgerichtet", die
in individueller und sozialer Hinsicht den Vorstellungen entsprechen,
nach denen er sein eigenes Leben zu gestalten wünscht[47]. Im Verlauf
der kulturellen Entwicklung haben sich gemeinsame Anschauungen,
Ziele und Wertungen herausgebildet, die gegenüber den tatsächlichen
Anschauungen, Wertungen und Zielen bestimmter Individuen verselb-
ständigt worden sind und losgelöst von ihnen bestehen. Eine derartige
Objektivierung kann in der mündlichen Tradition an andere Individuen
eintreten. Sie wird durch Sprache[48] und Schrift, in Kunstwerken, tech-
nischen Einrichtungen und Institutionen festgehalten[49]. In derartigen
Objektivationen bleiben die Schöpfungen der einzelnen als unpersönliche und überindividuelle erhalten und können auf die Nachkommen-
den übertragen werden. In der Kultur als dem Ergebnis gemeinschaft-
licher Arbeit in geistiger Gemeinschaft unter gegebenen natürlichen
Bedingungen liegt somit bereits eine „Auslese aus den individuellen
Zielsetzungen und Wertungen" vor, die „unter der Führung durch die
Sachkundigen und Überlegenen gemäß den Bedingungen der Allgemeinheit" erfolgt ist.

Für das Leben in sozialer und kultureller Gemeinschaft sind gemeinsame Wertungsgrundsätze eine unumgängliche Notwendigkeit, da der
Mensch sich nur auf dieser gemeinsamen Grundlage mit anderen Menschen verständigen und leben kann. Wertungsgrundsätze sind nicht
tatsächliche Wertungen, sondern geltende Wertungen, die man anerkennen soll, unabhängig davon, „ob man sie selbst schon vorher gehabt
hat oder nicht"[50]. Die von ihnen intendierten überindividuellen Werte
sind als überpersönliche Ziele, d. h. Ziele eine sozialen Ganzen[51], eine
„Abstraktion aus überindividuellen Wertungen"[52] und stellen eine „allgemeine Norm der Auszeichnung dar gegenüber den tatsächlichen
individuellen Auszeichnungen". Den subjektiven, tatsächlichen Wertungen als den Stellungnahmen einzelner Personen wird eine „Norm
der richtigen Wertung", ein Wertungsgrundsatz, gegenübergestellt[53].
Er spricht ein allgemeines Werturteil darüber aus, „welche Beschaffenheit ein Gegenstand oder ein Mensch haben muß, damit ihm ein be-

---

[47] *Kraft*, Einführung, S. 111.
[48] *Topitsch*, Rechtstheorie, S. 69 weist ausdrücklich auf das in der Sprache
implizite enthaltene „System von Wertungen" hin.
[49] Dazu und zum folgenden: *Kraft*, Einführung, S. 110.
[50] *Kraft*, Einführung, S. 109.
[51] *Kraft*, Einführung, S. 108.
[52] *Kraft*, Einführung, S. 208.
[53] Zur Allgemeingültigkeit von Wertungen: *Kraft*, Einführung, S. 105.

stimmter Wert zukommt"[54], und stellt damit „eine allgemeine Richtschnur für das praktische Verhalten"[55] auf.

Die durch positive Satzung geschaffenen Rechtsnormen stellen allgemeine Werturteile in Form von Wertungsgrundsätzen dar, in denen generellen Objektbeschaffenheiten mittels Wertbegriffen Werte zugeschrieben werden. Nach diesen allgemeinen Wertungsgrundsätzen können konkrete Gegenstände und Personen in ihrem tatsächlichen Verhalten daraufhin beurteilt werden, ob ihre Eigenschaften mit den generellen Objektbeschaffenheiten übereinstimmen, die in den Wertungsgrundsätzen als wertvoll ausgezeichnet worden sind. Von einer bloß subjektiven Beurteilung, die von der individuellen Eigenart des wertenden Subjekts abhängt, unterscheiden sich Rechtsnormen dadurch, daß sie als überindividuelle Wertungsgrundsätze eine objektive[56] Beurteilung konkreter Gegenstände und menschlicher Verhaltensweisen ermöglichen und eine rationale Begründung der Wertungen gestatten. Die einzelnen Rechtsnormen können als Wertungsgrundsätze selbst logisch nur begründet werden, sofern sie als speziellere aus allgemeineren ableitbar sind[57]. Die allgemeinsten Wertungsgrundsätze können auf diesem Wege nicht mehr abgeleitet werden, da die logische Ableitung des Wertcharakters „generelle Obersätze über den Zusammenhang von Auszeichnung und Gegenstandsbeschaffenheit" voraussetzt.

Allgemeinste Wertungsgrundsätze in diesem Sinne enthalten die Rechtsnormen der Verfassung. Die als Grund ihrer Geltung rechtslogisch vorausgesetzte Norm hat *Kelsen* als Grundnorm[58] bezeichnet. Vom Standpunkt einer auf wissenschaftliche Erkenntnis gerichteten Rechtstheorie ist es in der Tat logisch unerläßlich, für die Rechtsnormen der Verfassung die gedankliche Voraussetzung zu machen, daß man sich überhaupt einer bestimmten Verfassung gemäß verhalten

---

[54] *Kraft*, Einführung, S. 105.
[55] Wie *Kraft*, Grundlagen, S. 208 darlegt, gilt der überindividuelle Wert „ganz abgesehen davon, ob er tatsächlich allgemein anerkannt wird". Er tritt den tatsächlichen Wertungen gegenüber „als deren Norm". Der überindividuelle Wert besteht allein darin, daß diese Norm „allgemein gilt, d. h. daß die Forderung einer bestimmten Wertung allgemein anerkannt werden soll".
[56] Vgl. *Kraft*, Grundlagen, S. 218, 221, der dazu ausführt, Objektivität erweise sich durch „intersubjektive Gemeinsamkeit". Objektiv ist eine Begründung dann, wenn die Wertungsgesichtspunkte „nicht mehr bloß persönlich, sondern intersubjektiv überindividuelle" sind. Die aus einverständlich anerkannten Wertungsgesichtspunkten abgeleiteten Werturteile gelten „für alle, denen diese Gesichtspunkte gemeinsam sind".
[57] *Kraft*, Grundlagen, S. 218 f.
[58] Vgl. dazu *Kelsen*, S. 196 ff., 204 ff., 207. — Anders als die (positiven) Rechtsnormen ist die „Grundnorm" nicht durch eine Autorität gesetzt. Der Terminus bezeichnet lediglich die logischen Bedingungen der Geltung der Verfassung.

soll, da diese Voraussetzung die logische Bedingung dafür ist, daß die Rechtsnormen der Verfassung als allgemeinste Werturteile (Wertungsgrundsätze) gelten. Das ist keine Konzession an einen übertriebenen Perfektionsdrang, sondern die gedankliche Konsequenz des Umstandes, daß die Verfassung zwar allgemeingültig, aber in ihrer Geltung bedingt ist. Ihre Gültigkeit ist eine durchaus hypothetische, da die Anerkennung der Verfassung nur insoweit eine notwendige ist, als die ihr zugrundeliegenden Wertungen unbedingt anzuerkennen sind. Durch den Aufweis der Geltung auch allgemeinster Werturteile — wie sie die Rechtsnormen der Verfassung aussprechen — kann vom Standpunkt wissenschaftlicher Erkenntnis immer nur der Beweis bedingter Allgemeingültigkeit erbracht werden. Angesichts der kulturellen Bedingtheit rechtlicher Normen als überindividueller Wertungsgrundsätze erweist sich zugleich die rechtstheoretische Konzeption Kelsens im Hinblick auf einzelne historische Rechtsordnungen als zu eng, da in der Beschränkung auf logische Denknotwendigkeiten die metalogische Komponente des positiven Rechts vernachlässigt wird.

Die Normierung von Beziehungen und Verhaltensweisen der Menschen erfolgt in einer Vielzahl von rechtlichen Werturteilen, in denen der Gesetzgeber in einem gedanklichen Vorgriff die Bewertung von Lebenssachverhalten antizipiert[59]. Das spezifisch Rechtliche der Rechtsnormen wird „nicht von der formalen Struktur, sondern nur von dem sozialen Sinn der Normierung von Lebensvorgängen her verstanden"[60]. Da alle rechtliche Begriffsbildung schon vom Ansatz her nicht primär logisch, sondern axiologisch ist, sind auch die Rechtsnormen als ganze stets axiologisch bestimmt[61]. Die vom Gesetzgeber vorgenommenen Wertungen zielen nicht auf abstrakte Tatbestände und deren Rechtsfolgen ab. Vielmehr geht der Gesetzgeber bei der Normierung von Lebenssachverhalten aus und zielt wieder auf diese zurück. Jede Rechtsnorm stellt somit „in zweifacher Hinsicht rechtlich gewertete Wirklichkeit" dar. „Sie ist das Ergebnis von Wertungen und zugleich das Richtmaß für zukünftige Bewertungen[62]."

Aufgabe der Rechtsnormen ist es, „die Nachvollziehung der gesetzlichen Werturteile zu ermöglichen". Da die Rechtsnormen als Wertungs-

---

[59] Zutreffend bemerkt *Funke*, S. 28, die letzte Entscheidung verbleibe „beim Menschen als Gesetzgeber, also letztlich beim Politiker und nicht beim Wissenschaftler oder eben bei dem, der charismatische Führungsqualitäten für sich beansprucht".

[60] Dazu und zum folgenden: *Heller*, Theodor, Logik und Axiologie der analogen Rechtsanwendung, 1961, bes. S. 89—109. Zur axiomatischen Methode ferner: *Klug*, Ulrich, Juristische Logik, 1951, S. 14 ff.; *Engisch*, Logik, S. 82.

[61] Zutreffend bemerkt Th. *Heller*, S. 90: „Es ist sinnlos, die Begriffe eines Rechtssystems aus bestimmten Grundbegriffen deduzieren zu wollen."

[62] Th. *Heller*, S. 94.

grundsätze immer zugleich vielfältige Werturteile unterschiedlicher Art zum Ausdruck bringen, sind sie stets mehr als bloße Zweckschöpfungen, die der Verwirklichung praktischer Ziele des Gesetzgebers dienen. Norminhalte können daher nicht pragmatisch in reine Mittel-Zweck-Relationen aufgelöst werden. Alle Norminhaltsbestimmung ist sowohl teleologisch als auch axiologisch auszurichten, da nur so der inhaltlich-funktionale Sinnzusammenhang ermittelt werden kann[63]. Auch solche Rechtsregeln, die — wie etwa diejenigen des Straßenverkehrsrechts — rein zweckrationale Gestaltungen darzustellen scheinen, erweisen sich im Ziel der Normierung und in der Wahl der Mittel als axiologisch bestimmt[64]. Nach allem stellt die Rechtsteleologie „zwar einen wichtigen Bestandteil der Rechtswissenschaft dar, vermag aber nicht den Gesamtbereich der Metalogik des Rechts auszufüllen, sondern findet ihre Bestimmung in dem übergeordneten Rahmen der Rechtsaxiologie, die sich nicht in ein System rein zweckrationaler Erwägungen einspannen läßt"[65].

Es ist nicht Aufgabe dieser Arbeit, die Axiologie der Rechtsetzung im einzelnen darzulegen. Festzuhalten ist lediglich, daß jedes Gesetz „in einer Werttradition steht" und der Bedeutungsgehalt der einzelnen Rechtsnorm, ihr Gesamtsinn, sich „erst aus der Summe der antizipierten und additiven Wertungen"[66] erschließt, die im Verfahren der Gesetzgebung und des nachfolgenden Vollzuges wirksam geworden sind. Alle Rechtsbegriffe „erhalten ihren Sinngehalt erst von den der Norm zugrundeliegenden Wertungen"[67]. Der spezifische Rechtsgehalt erschließt sich zureichend erst aus dem Gesamtrechtssystem, da jeder Rechtsbegriff „an der Summe aller rechtlichen Werturteile, die dem Normensystem zugrundeliegen", partizipiert[68].

---

[63] Zur axiologischen Problematik der Rechtsanwendung vgl. Th. *Heller*, S. 95 ff. — Zutreffend führt Th. *Heller*, S. 100 f. aus, jeder Fall stelle in seiner konkreten Einmaligkeit ein Novum dar, das „in seiner Individualität vom Gesetzgeber nicht abschließend vorwegschauend erfaßt werden konnte". Alle Rechtsanwendung überschreite insoweit den Bereich „rein nachvollziehenden Wertens" und gehe zu Wertungen über, die zwar „unter dem Leitbild des Normsinns" stehen, jedoch „normfremde Elemente in sich enthalten". Diese Wertungen bezeichnet Th. Heller im Hinblick auf das „Moment der Gesetzesergänzung" als „additive Wertungen".

[64] Dazu Th. *Heller*, S. 92: „Ohne die Ausrichtung auf die primären Wertentscheidungen läßt sich kein begründetes Urteil über die Zweckmäßigkeit und den Nutzen der möglichen Mittel zur Verwirklichung des Normzieles gewinnen."

[65] Th. *Heller*, S. 91.

[66] Th. *Heller*, S. 108.

[67] Th. *Heller*, S. 97.

[68] Th. *Heller*, S. 92.

§ 13 Die sachgesetzliche Bedingtheit der Norminhalte

Bei der Analyse des Inhalts von Rechtsnormen ist zwischen ihrem Wertgehalt und dem Sachgehalt streng zu unterscheiden. Besonders der Sachgehalt von Rechtsnormen, welche als Mittel der Sozialgestaltung dienen, verdient — bei aller Bestimmtheit der Norminhalte durch menschliche Wertungen — gesteigerte Aufmerksamkeit. Als Sachgehalt einer Rechtsnorm wird im folgenden die Gesamtheit derjenigen sachgesetzlichen Bedingungen bezeichnet, welche maßgebend dafür sind, daß die von der Rechtsnorm intendierten Wirkungen auch tatsächlich eintreten. Nicht immer wird dieser Sachgehalt positiver Rechtsnormen im Norminhalt explizit zum Ausdruck gebracht. Es mag sein, daß er nur implizit enthalten ist oder überhaupt nur vorausgesetzt wird, so daß dem Wortlaut der Rechtsnorm nicht ohne weiteres anzusehen ist, auf Grund welcher sachgesetzlichen Überlegungen und Gegebenheiten die Rechtsnorm als geeignetes Mittel für den von ihr intendierten Zweck angesehen werden kann. Gelegentlich mag sogar der Inhalt einer Rechtsnorm überwiegend oder gar ausschließlich aus irgendwelchen Wertpostulaten bestehen, die wegen ihrer besonderen Motivationskraft der Rechtsnorm durchaus zu praktischer Wirksamkeit verhelfen können[1]. Alles moderne, von vornherein auf spezifische Funktionen hin konzipierte Recht ist jedoch seinem Gehalt nach sachgesetzlich bedingt, sofern das in der Rechtsnorm vorgeschriebene menschliche Verhalten zugleich als Mittel den von der Rechtsnorm intendierten Zweck zu bewirken vermag. Eine derartige Rechtsnorm vermag nur deshalb die von vornherein disponierte Leistung zu erbringen, weil sie auf Einsichten in Kausalbeziehungen beruht oder — wo solche wegen der Komplexität des Vorgangs im einzelnen nicht überschaubar sind — zumindest auf der Kenntnis von faktischen Regelmäßigkeiten oder wahrscheinlichen Handlungsabläufen, bei deren Berücksichtigung das Eintreten des gewünschten Erfolges erwartet werden darf.

Die Einsicht in Kausalbeziehungen oder die Kenntnis faktischer Regelmäßigkeiten bzw. Wahrscheinlichkeiten schaffen allein jedoch noch keine Rechtsnormen. Es genügt nicht, die Bedingungen für die Erzielung gewisser Wirkungen einfach ins Normative zu wenden, indem man sie als Vorschrift formuliert. Eine Rechtsnorm, welche vorschreiben wollte, daß etwas geschehen soll, obwohl bereits feststeht, daß es kraft Naturgesetzes notwendig geschehen muß, wäre offensichtlich sinnlos[2]. Ebenso sinnlos wäre es freilich, durch Rechtsnorm etwas vor-

---

[1] Zur politisch-pragmatischen Brauchbarkeit und psychologischen Wirksamkeit derartiger Formeln: *Topitsch*, Rechtstheorie, S. 60 f.

[2] *Kelsen*, S. 11.

schreiben zu wollen, obwohl bereits feststeht, daß es kraft Naturgesetzes überhaupt gar nicht geschehen kann. Da die Rechtsnorm Handlungsanweisungen an das menschliche Verhalten ausspricht, kann sie ihre Funktion in sinnvoller Weise überhaupt nur dann entfalten, wenn praktische Alternativen menschlichen Verhaltens denkbar sind[3]. Besteht aber ein derartiger Handlungsspielraum, dann ist die Kenntnis von Sachgesetzlichkeiten[4] in dem durch die Rechtsnorm zu regelnden Bereich zugleich die Voraussetzung für eine optimale Gestaltung der Rechtsnorm. Ohne die Kenntnis bestimmter empirischer Regelmäßigkeiten wäre ein zweck- und wertgerichtetes menschliches Handeln ausgeschlossen. Allein die „Tatsache der Invarianten" ermöglicht eine Abschätzung der Wirkungen und Erfolge des menschlichen Tuns[5] und damit auch eine Sozialgestaltung mit Mitteln des Rechts.

Die Einsicht in Kausalbeziehungen bestimmt in etwa den Gehalt derjenigen Rechtsnormen, in denen Kausalvorgänge final überformt werden. Derartige Rechtsnormen sind in ihrer Mittelfunktion im Hinblick auf den intendierten Zweck sachgesetzlich bedingt, insofern die Erreichung des Zwecks auf dem Verhältnis von Ursache und Wirkung beruht. Der Zweck wird tatsächlich erreicht, wenn die Kausalabläufe bei der Normierung zutreffend antizipiert worden sind und bei der Rechtsverwirklichung nicht neue Kausalfaktoren realiter auftreten, die den Realprozeß in eine andere Richtung lenken.

Die Setzung von Rechtsnormen, deren Funktion darin besteht, von vornherein als Mittel für einen spezifischen Zweck zu dienen, stellt sich — jedenfalls soweit es um die Normierung der Bedingungen geht, welche geeignet sind, den intendierten Zweck herbeizuführen — als praktische Anwendung von Wissenschaft dar[6]. Die Normierung wird jedoch nur „unter Berücksichtigung" derjenigen Erkenntnisse vorgenommen, die von der betreffenden Fachwissenschaft gewonnen worden sind. Es wäre verfehlt, im Hinblick auf die sachgesetzliche Bedingtheit

---

[3] Zutreffend bemerkt *Topitsch*, Rechtstheorie, S. 65 f., Normen seien „nur insofern und in dem Maße möglich, in welchem Sachverhalte durch menschliche Handlungen verändert und zumal geordnet werden können".

[4] Vgl. hierzu: *Topitsch*, Ernst, Konventionalismus und Wertproblem in den Sozialwissenschaften, in: Sozialphilosophie zwischen Ideologie und Wissenschaft, 1961, S. 107—124, 122 f.: „Diese Gleichförmigkeiten ermöglichen erst die Verknüpfung des sozialen Geschehens nach kausalen und finalen Gesichtspunkten und sind dadurch die Voraussetzung für ein rationales Handeln in der Erfahrungswelt, bei dem der Mensch sein Tun nach Zweck, Mittel und Nebenfolgen orientiert und dabei die Mittel gegen die Zwecke wie die Zwecke gegen die Nebenfolgen wie endlich die verschiedenen möglichen Zwecke unter dem doppelten Aspekt der kausalen Verflechtung und des gegenseitigen Wertverhältnisses gegeneinander abwägt."

[5] *Topitsch*, Wertproblem, S. 117, 120.

[6] Dazu und zum folgenden: *Albert*, Wissenschaft, S. 218.

der Rechtsnormen die Behauptung aufzustellen, daß aus Sachgesetzlichkeiten in irgendeiner Form Rechtsnormen abgeleitet werden können. Alle Anwendung von Wissenschaft setzt gerade eine Vielzahl von Wertentscheidungen voraus, sofern es um die Wahl der geeigneten Mittel geht, von der Wahl der Zwecke ganz zu schweigen. Das gilt in besonderem Maße für die Mittelwahl im Bereich der Setzung von Rechtsnormen, bei der nicht nur über die Eignung der Mittel zu befinden ist, sondern von vornherein zahlreiche, bereits rechtlich fixierte Wertentscheidungen als gegeben zu berücksichtigen sind. Technologische Aussagen, die von einer Fachwissenschaft erarbeitet worden sind, informieren lediglich über die dem Menschen gegebenen Handlungsmöglichkeiten und orientieren darüber, wie man bestimmte Wirkungen erzielen kann. Sie dürfen nicht mit den zusätzlichen menschlichen Wertungen identifiziert werden, die aller praktischen Anwendung wissenschaftlicher Erkenntnisse vorausgehen.

Trotz des prinzipiellen Unterschieds zwischen Sachgehalt und Wertgehalt einer Rechtsnorm begegnet eine genaue Unterscheidung bei der Analyse des Inhalts von Rechtsnormen nicht selten erheblichen Schwierigkeiten, weil die Normierung des menschlichen Verhaltens sowohl unter Berücksichtigung von Tatsachenerkenntnissen als auch nach Maßgabe von Wertgesichtspunkten erfolgt, so daß zwischen dem Sachgehalt und dem Wertgehalt einer Rechtsnorm enge Wechselbeziehungen bestehen. Hinzu kommt, daß nicht nur die Alltagssprache, sondern mehr oder weniger auch die Gesetzessprache nicht eindeutig zwischen Sachgehalt und Wertgehalt unterscheiden[7]. Obwohl die Sprache häufig keinen Unterschied zwischen Tatsachenaussagen und Wertungen macht, kann kein Zweifel daran bestehen, daß sie nicht nur ihren Gegenstand benennt, sondern zugleich ein System von Wertungen impliziert. Mit der Benennung eines Gegenstandes wird nicht selten zugleich die Regel dafür angegeben, wie man sich ihm gegenüber verhalten soll[8]. Derartige sprachlich gegebene Vorentscheidungen, welche auf die Motivation des Individuums einwirken, entlasten nicht nur das Individuum, indem sie ihm zahlreiche Entscheidungen abnehmen, sondern lassen nicht selten an sich bestehende Alternativen möglichen Verhaltens gar nicht erst ins menschliche Bewußtsein gelangen[9]. Für den wissenschaftlichen Sprachgebrauch ist deshalb eine strenge Trennung zwischen Tatsachenaussagen und Werturteilen anzustreben. Nur so kann der

---

[7] *Topitsch*, Ernst, Begriff und Funktion der Ideologie, in: Sozialphilosophie zwischen Ideologie und Wissenschaft, 1961, S. 15—52, 32 f.

[8] Vgl. hierzu *Bühler*, Karl, Sprachtheorie, 1934, S. 28 ff., wo zutreffend zwischen der Darstellungsfunktion der Sprache und ihrer Leistung als Mittel des Appells unterschieden wird.

[9] *Albert*, Werturteilsprobleme, S. 410 ff.

Gefahr einer Verfälschung der Tatsachenerkenntnis begegnet werden, welche sich aus der Vermengung mit Werturteilen ergibt[10]. Auch dem wissenschaftlichen Anliegen der Werterkenntnis, besser: der wissenschaftlichen Analyse menschlicher Wertungen und des Wertgehalts der von Menschen gesetzten Rechtsnormen, wird die strenge Unterscheidung zwischen Sachgehalt und Wertgehalt der Rechtsnormen förderlich sein, da auf diese Weise die sachlichen Grundlagen der menschlichen Entscheidungen klargestellt werden und damit zugleich die Voraussehbarkeit der Handlungsfolgen erhöht wird.

Der Unterschied zwischen Sachgehalt und Wertgehalt einer Rechtsnorm wird schon in der — dem wissenschaftlichen Erkennen vorausgehenden — alltäglichen Erfahrung deutlich. Der Sachgehalt ist in sich selbst und im Vergleich mit den wechselnden Bewertungen, die ihm zuteil werden können, weitgehend invariant[11]. Diese „Tatsache der Invarianten" äußert sich darin, daß die im Bereich des Tatsächlichen feststellbaren Regelmäßigkeiten unter der Voraussetzung gleichbleibender Bedingungen konstant bleiben. Hingegen kann die wertende Einschätzung dieser Sachgesetzlichkeiten durchaus variieren, wenn man von bestimmten, noch näher zu erörternden Wertphänomenen — wie der Konstanz kollektiver Wertungen und der Wertüberlieferung über Generationen hinweg — einmal absieht. Die Invarianz der sachgesetzlichen Bedingungen verbürgt einerseits, daß die Rechtsnorm die im Vorhinein disponierte Leistung auch tatsächlich erbringt; sie macht andererseits eine ständige Überprüfung notwendig, ob nicht eine Veränderung der Sachlage eingetreten ist, welche auch eine Änderung der normativen Bedingungen erforderlich macht[12]. Im übrigen sind die sachgesetzlichen Bedingungen als solche in ihrem Bestehen oder Nichtbestehen unabhängig von den Wünschen und Wertungen der erkennenden Subjekte. Die Betrachtung unter Wertgesichtspunkten ändert nichts an den empirischen Tatsachen und ihren Zusammenhängen, d. h. den bestehenden Regelmäßigkeiten.

Auch wenn die sachgesetzlichen Bedingungen als solche durch eine wertende Betrachtung nicht berührt werden, fragt es sich gleichwohl, welche Bedeutung die Aufnahme von Wertgesichtspunkten für den Inhalt der Rechtsnorm als ganzen und für den Aktionszusammenhang hat, in dem die Rechtsnorm als Mittel fungiert. Betrachtet man die Rechtsnorm als Mittel, das in einem spezifischen Aktionszusammen-

---

10 *Topitsch*, Wertproblem, S. 123.

11 Dazu und zum folgenden: *Topitsch*, Wertproblem, S. 120 f.

12 Zutreffend bemerkt *Topitsch*, Rechtstheorie, S. 67, daß die Rechtsnorm insofern „von den Fakten beeinflußt" wird und die Gesetzgebung immer wieder „den Tatsachen angepaßt" werden muß.

hang im Hinblick auf den von der Rechtsnorm gesetzten oder vorausgesetzten Zweck fungiert, so stellen Wertgesichtspunkte, die neben den sachgesetzlichen Bedingungen in den Inhalt der Rechtsnorm aufgenommen werden, zusätzliche Determinanten dar, welche als solche auf die Motivation der Normadressaten einwirken sollen. Diese Determinanten haben insofern eine präskriptive Funktion[13], als sie ein bestimmtes, unter Wertgesichtspunkten als erwünscht erscheinendes menschliches Verhalten vorschreiben, während die übrigen, die Normierung beeinflussenden sachgesetzlichen Bedingungen nur die Voraussetzung dafür schaffen, daß das in der Rechtsnorm vorgeschriebene Verhalten tatsächlich, d. h. beim Vollzug der Rechtsnorm, die von vornherein disponierten Handlungsfolgen bewirkt. Durch die zusätzliche Aufnahme werthaltiger Determinanten in den Inhalt der Rechtsnorm wird der faktische Aktionsspielraum menschlichen Verhaltens normativ weiter eingeschränkt[14]. Faktisch an sich mögliches Verhalten wird normativ ausgeschlossen. Das bedeutet freilich nicht, daß das ausgeschlossene Verhalten nicht eintreten kann, sondern nur, daß es nicht eintreten soll. Menschliches Verhalten, das den legal vorgesehenen Spielraum überschreitet, kann allenfalls durch die Rechtsnorm mit negativen Sanktionen bedacht werden, welche der von der Rechtsnorm ausgehenden Motivationswirkung einen gewissen Nachdruck verleihen.

Die hier vorgenommene Unterscheidung zwischen dem Sachgehalt und dem Wertgehalt des Inhalts von Rechtsnormen ermöglicht zugleich eine Beurteilung derjenigen Aussagen, die von der Wissenschaft im Hinblick auf den Inhalt der Rechtsnormen formuliert werden können. Bezüglich des Sachgehalts von Rechtsnormen, d. h. der Gesamtheit der jeweiligen sachgesetzlichen Bedingungen, zielt das wissenschaftliche Verfahren darauf ab, durch Zusammenwirken von empirischer Beobachtung und rationaler Hypothesenbildung[15] zu einer Einsicht in die Wirkweise der Rechtsnormen zu gelangen und die sich bewährenden Hypothesen zu immer umfassenderen Aussagesystemen zu erweitern. Derartige Aussagen, in denen die Wissenschaft faktische Invarianzen beschreibt, stellen nomologische Hypothesen dar, die prinzipiell jederzeit falsifizierbar sind. Das gilt auch für eine auf diese Weise aufgestellte Theorie. Nur dann, wenn die wissenschaftlichen Aussagen kontrollierbare Sachverhalte beschreiben, ihr Gehalt also unter überprüfbaren Bedingungen dargestellt wird, ist eine Prüfung möglich, ob sie wahr oder falsch sind. Denn nur Aussagen darstellenden Gehalts

---

[13] *Albert*, Wissenschaft, S. 219 f.
[14] *Albert*, Wissenschaft, S. 221.
[15] Vgl. dazu im einzelnen: *Topitsch*, Ernst, Vom Wert wissenschaftlichen Erkennens, in: Sozialphilosophie zwischen Ideologie und Wissenschaft, 1961, S. 271—287, 275 f.

lassen sich prüfen, ob sie zutreffen oder nicht[16]. Nomologische Hypothesen erweisen sich als falsch, wenn im Tatsachenablauf nicht vorhergesehene und deshalb nicht beschriebene, im Widerspruch zur hypothetischen Annahme stehende Ereignisse auftreten[17]. Auch ihre Bewährung
ändert nichts an ihrem hypothetischen Charakter, da sie trotz häufiger
Bewährung prinzipiell jederzeit an der Wirklichkeit „scheitern" können. Ähnliches gilt für diejenigen wissenschaftlichen Aussagen, welche
den Wertgehalt der Rechtsnorm darstellen[18]. Das wird deutlich, wenn
man unterscheidet zwischen den (in Gesetzen, Rechtsverordnungen
usw. enthaltenen) Rechtsnormen und den Aussagen, welche diese
Rechtsnormen ihrem Inhalt nach beschreiben. Die Rechtsnormen, welche
als Regeln menschlichen Verhaltens ein Seinsollen beinhalten, haben
nicht beschreibenden, sondern vorschreibenden Charakter. Als Vorschreibungen (Gebote, Verbote, Erlaubnisse, Ermächtigungen) können
Rechtsnormen gar nicht unter dem Gesichtspunkt von wahr oder falsch
beurteilt werden. Rechtsnormen sind nicht wahr oder unwahr[19], sondern sie gelten oder gelten nicht[20]. Im Gegensatz zu den nomologischen
Hypothesen einer empirischen Theorie können die ein Verhalten vorschreibenden (nicht beschreibenden) Rechtsnormen nicht an der Wirklichkeit scheitern, weil sie „angesichts jeder möglichen Sachlage durchgehalten werden können"[21]. — Anders ist es bei den von der Rechtswissenschaft zu formulierenden Aussagen, welche der Darstellung einer
normativen Ordnung des gegenseitigen Verhaltens von Menschen dienen. Die Aussagen, in denen die Rechtswissenschaft ihren Gegenstand
— das Recht — beschreibt, haben freilich nicht Seinstatsachen, sondern ein Seinsollen zum Inhalt, denn sie besagen, daß gemäß einer
bestimmten Rechtsnorm unter bestimmten Bedingungen eine bestimmte
Folge eintreten „soll"[22]. Die Aussage, daß eine Rechtsnorm „gilt",
welche ein bestimmtes Verhalten vorschreibt, kann nicht bedeuten,
daß dieses Verhalten tatsächlich stattfindet, sondern sie kann nur

---

[16] *Kraft,* Grundlagen, S. 188.
[17] *Albert,* Wissenschaft, S. 221.
[18] *Topitsch,* Erkennen, S. 277: „Der Frage nach dem Sachgehalt in den
beschreibenden Wissenschaften entspricht die nach dem Normgehalt in den
vorschreibenden Disziplinen, etwa der Jurisprudenz ..." — Ebenso bemerkt
Albert, Wissenschaft, S. 220, daß Wertaxiome in einer normativen Doktrin
logisch eine „analoge Rolle" spielen wie die nomologischen Hypothesen
obersten Niveaus in einer empirisch gehaltvollen Theorie.
[19] Zutreffend bemerkt *Kelsen,* S. 76, daß z. B. die „von der Rechtsautorität
statuierte Norm, die die Wiedergutmachung des Schadens und die Zwangsvollstreckung bei Zuwiderhandeln vorschreibt, ... nicht wahr oder unwahr
sein (kann), denn sie ist keine Aussage, keine Beschreibung eines Objektes,
sondern eine Vorschreibung, und als solche das — von der Rechtswissenschaft — zu beschreibende Objekt".
[20] *Kelsen,* S. 9 f.
[21] *Albert,* Wissenschaft, S. 221.
[22] *Kelsen,* S. 81.

bedeuten, daß dieses Verhalten stattfinden soll. Wenn jedoch ein Rechtswissenschaftler die Aussage formuliert, daß gemäß einer geltenden Rechtsnorm unter den im Tatbestand festgelegten Bedingungen eine bestimmte Rechtsfolge gesetzt werden soll, so identifiziert er sich dadurch nicht mit der die Rechtsnorm setzenden staatlichen Autorität. Seine Aussage könnte nicht anders ausfallen, selbst wenn er die Setzung der Rechtsfolge für ungerecht hielte. Die Formulierung der Aussage wird unabhängig von einer etwaigen Billigung oder Mißbilligung vorgenommen. Obwohl der Rechtswissenschaftler ein Sollen beschreibt, haben die Aussagen, in denen der Gehalt von Rechtsnormen dargestellt wird, nicht vorschreibenden, sondern lediglich beschreibenden Charakter[23]. Derartige Aussagen über einen der menschlichen Erkenntnis gegebenen Gegenstand, die positiven Rechtsnormen, können wahr oder falsch sein, sofern sie bestimmte, von anderen klar unterscheidbare Verhaltensweisen vorschreiben oder ausschließen. Denn es läßt sich anhand des gegebenen Systems von Rechtsnormen prüfen, ob sie zutreffen oder nicht. Als wissenschaftliche Aussagen haben sie — wie die auf faktische Invarianzen bezogenen nomologischen Hypothesen — durchaus hypothetischen Charakter[24]. Das wird deutlich, wenn man bedenkt, daß die in Rechtsnormen enthaltenen werthaft-normativen Determinanten an sich mögliche Verhaltensalternativen ausschließen sollen und eine allgemeine „Einschränkung des Aktionsspielraums" darstellen. Sofern es sich um Aussagen handelt, welche den rechtlich vorgeschriebenen Ausschluß bestimmter Verhaltensweisen genau beschreiben, kann prinzipiell jederzeit der Nachweis geführt werden, daß die Aussage diesen normativ gebotenen Ausschluß nicht zutreffend beschreibt, also eine Falsifizierung stattfinden.

Eine ganz andere — das Thema dieser Arbeit sprengende, weil letztlich philosophische — Frage ist es, ob aus reinen Sachaussagen letztgültige Wertaxiome (normative Prinzipien) für das menschliche Verhalten hergeleitet werden können, welche im Gegensatz zu den von Menschen gesetzten Rechtsnormen absolut gelten. Sie muß im Hinblick auf den hier vorausgesetzten, offen deklarierten Wissenschaftsbegriff in ihrer philosophischen Tragweite außer Betracht bleiben[25]. Aus demselben Grunde wurde bereits an früherer Stelle die Berufung auf ein intuitives Apriori nicht als hinreichender Grund angesehen, die absolute Geltung von Werten zu begründen, weil ein intuitives

---

[23] Wie hier: *Kelsen*, S. 83 f.

[24] *Albert*, Wissenschaft, S. 221.

[25] Einen historischen Überblick über die Entwicklung der Naturrechtslehren und eine Kritik der theoretischen Begründungsversuche bietet: *Topitsch*, Ernst, Das Problem des Naturrechts, in: Naturrecht oder Rechtspositivismus?, hrsg. von Werner *Maihofer*, 1962, S. 159—177.

„Erkennen" nicht den Anforderungen genügt, welche vom Standpunkt wissenschaftlicher Erkenntnisse zu stellen sind.

Wenn man vom wissenschaftlichen Standpunkt aus untersucht, was von dem Absolutheitsanspruch derartiger Begründungszusammenhänge zu halten ist, bleibt das Thema belangvoll genug, weil im Bereich unserer Erfahrung die Konstanz gewisser Wertphänomene gar nicht zu bestreiten ist. Es empfiehlt sich jedoch, bei der Erörterung dieser Frage zwischen der wissenschaftlich-darstellenden Funktion der Naturrechtslehren und ihrer politisch-pragmatischen Brauchbarkeit, insbesondere ihrer psychologischen Wirksamkeit zu unterscheiden[26]. Zutreffend hat *Topitsch* darauf hingewiesen, daß der Absolutheitsanspruch meist in Verbindung mit Thesen auftritt, die „alles eher als wissenschaftlich gesichert sind, aber eine besondere emotionale bzw. lebenspraktische Bedeutung besitzen und durch eine möglichst nachdrückliche Betonung ihrer Wahrheit oder Gerechtigkeit gegen Zweifel geschützt werden sollen"[27]. In der Tat verdanken Naturrechtsdoktrinen ihre Wirksamkeit weniger ihrer logischen Stringenz und ihrer wissenschaftlichen Unanfechtbarkeit, sondern vor allem dem von ihnen hervorgerufenen Eindruck, man habe es mit etwas zu tun, „das ganz und gar objektiv gegeben" und vom „Wünschen und Wollen völlig unabhängig" ist[28]. Das gilt insbesondere auch von den zahlreichen Versuchen, naturrechtliche Normen aus der „Weltordnung" oder der „Menschennatur" abzuleiten[29]. Trotz der kaum zu überschätzenden Rolle, welche sowohl die kosmologischen als auch die anthropologischen Naturrechtslehren praktisch gespielt haben, müssen die zahlreichen Versuche, aus den die Naturordnung betreffenden Sachaussagen letztgültige Normen abzuleiten, vom wissenschaftlichen Standpunkt als gescheitert angesehen werden[30]. Die Behauptung, daß der empirischen Wirklichkeit der Natur die Normen des allein richtigen, gerechten Rechtes immanent sind, wäre erst dann bewiesen, wenn die Analyse dieser Wirklichkeit neben einer Reihe von allgemein anerkannten — weil verifizierbaren — Kausalgesetzen ein entsprechendes System von Normen richtigen menschlichen Verhaltens ergäbe. Die verschiedenen Naturrechtslehrer haben jedoch die verschiedensten, einander widersprechenden Prin-

---

[26] *Topitsch*, Rechtstheorie, S. 60.

[27] *Topitsch*, Erkennen, S. 278.

[28] *Topitsch*, Rechtstheorie, S. 61.

[29] Dazu im einzelnen: *Topitsch*, Naturrechtsproblem, S. 164; ds., **Rechtstheorie**, S. 54 f.

[30] Dazu und zum folgenden: *Kelsen*, Hans, Platon und die Naturrechtslehre, in: Aufsätze zur Ideologiekritik, hrsg. von Ernst *Topitsch*, 1964, S. 232—292, 233 f.

zipien als Naturrecht dargestellt[31]. Trotz jahrhundertelanger Bemühungen ist es bislang nicht gelungen, eines dieser vielen Natur-Rechte unter Ausschluß der anderen als das allein richtige zu erweisen[32]. Folgerichtig hat *Topitsch* in seiner Kritik dieser Versuche die „Unableitbarkeit letzter normativer Positionen aus wissenschaftlichen Naturtatsachen"[33] gefolgert und darauf verwiesen, daß vom Standpunkt wissenschaftlicher Erkenntnis letztlich nur menschliches Werten und Handeln vorfindbar ist.

Die Kritik der naturrechtlichen Begründungsversuche absoluter Werte führt somit zurück zur konkreten Wirklichkeit des erkennenden, wertenden und handelnden Menschen. Bezüglich des Verhältnisses von Erkennen und Werten ist dabei festzuhalten, daß es sich — trotz des engen, nahezu untrennbaren Zusammenhangs in der Lebenspraxis — um „zwei völlig verschiedene und methodisch scharf zu scheidende Einstellungen des Menschen zur gegenständlichen Welt" handelt[34]. Im folgenden kann es nur um das Erkennen des menschlichen Wertens und Handelns gehen, wegen des rechtstheoretischen Anliegens dieser Überlegungen allerdings nur insofern, als menschliche Wertungen in Rechtsnormen zum Ausdruck gelangen und über menschliches Handeln unter Berücksichtigung kausaler Zusammenhänge disponiert werden soll, um es mit Hilfe der Rechtsnormen zweckrational, im Hinblick auf zugleich gesetzte oder vorausgesetzte Ziele zu lenken. Maßgebliche Bedeutung kommt dabei einer erkenntnislogischen Analyse der Rechtsnormen zu, die dazu beiträgt, den Aussagegehalt derjenigen Sätze, in denen der Gehalt von Rechtsnormen beschrieben wird, wissenschaftlich zu klären[35]. Gerade die moderne erkenntnislogische Grundlagenforschung hat sowohl zur Analyse der Sachgehalte als auch der Wert-

---

[31] Skeptisch resümiert *Schönfeld*, Walter, Die Geschichte der Rechtswissenschaft im Spiegel der Metaphysik, 1943, S. 95: „So viele Weltanschauungen die Geschichte der verschiedenen Völker und Zeiten hervorgebracht hat, so viele Naturrechtslehren hat sie ausgeprägt."

[32] Vgl. hierzu: *Kelsen*, Ideologiekritik, S. 234, der überzeugend darlegt, daß „dasjenige, was die Vertreter der Naturrechtslehre als aus der Natur deduziert zu haben behaupten, in Wahrheit von ihnen in die Natur projizierte, subjektive Werturteile sind, die sie als objektiv gültige Normen — wie ein Zirkuszauberer aus seinem Zylinderhut die vorher hineinpraktizierten Tauben und Kaninchen — aus der Natur wieder hervorholen".

[33] *Topitsch*, Naturrechtsproblem, S. 173.

[34] Vgl. hierzu: *Topitsch*, Naturrechtsproblem, S. 175: „Dies zeigt sich vielleicht am deutlichsten darin, daß wir in wissenschaftlicher Einstellung menschliche Wertgefühle und Werthaltungen — und zwar auch die eigenen — als indifferente Tatsachen erkennend objektivieren können, um uns vielleicht schon im nächsten Augenblick mit ihnen wertend und handelnd zu identifizieren."

[35] Dazu und zum folgenden neuerdings: *Juhos*, Béla, Aufgaben der Wiener erkenntnislogischen Grundlagenforschung, ÖHZ 1965, S. 46.

gehalte von Rechtsnormen wesentlich beigetragen. Sie hat gezeigt, daß man jede Theorie durch geeignete Formulierung unwiderlegbar machen und ihr apriorische Gültigkeit verleihen kann[36]. Diese Unwiderlegbarkeit wird erreicht, indem man sie so formuliert, daß sie mit jedem beliebigen Sachgehalt oder Wertgehalt vereinbar[37] ist und nichts über kontrollierbare Sachverhalte oder Wertverhalte aussagt[38]. Derartige Formeln, die in gleichbleibendem Wortlaut fundamentale Einsichten und oberste normative Grundsätze artikulieren, können wegen der Konstanz ihrer ‹Aussagen› den Eindruck erwecken, sie seien dem geschichtlichen Wandel und der menschlichen Entscheidung grundsätzlich entzogen und „richtig, allgemeingültig und unfehlbar"[39]. Sie enthalten jedoch nur „scheinbar" unwiderlegliche Wahrheiten[40]. Zwar kann ihnen kein prüfbarer Sachverhalt oder Wertverhalt widersprechen, aber nicht, weil sie wahr sind, sondern weil sie nichts über prüfbare Sachverhalte oder Wertverhalte aussagen. Vom Standpunkt wissenschaftlicher Erkenntnis sind derartige Formulierungen „leer und nichtssagend". Zutreffend hat *Topitsch* sie deshalb als „Leerformeln" bezeichnet. Maßgebliches Kriterium für die Unterscheidung sachhaltiger und normhaltiger Aussagen von bloß leeren Formulierungen ist ihre Falsifizierbarkeit[41]. Sie ist nur dann gegeben, wenn überprüfbare Bedingungen bestehen, unter welchen eine Aussage oder ein System von Aussagen als falsch zu betrachten ist. Eine Rechtsnorm — und nicht bloß eine Leerformel — ist nach allem nur diejenige Norm, welche „bestimmte, von anderen klar unterscheidbare Verhaltensweisen"[42] vorschreibt oder ausschließt.

Der Rekurs auf die wertende Grundeinstellung des Menschen ermöglich auch eine Beantwortung der Frage, was vom wissenschaftlichen Standpunkt über die Konstanz bestimmter Wertphänomene zu sagen ist. Die empirisch feststellbaren menschlichen Wertungen fallen —

---

[36] *Topitsch*, Ideologie, S. 40.

[37] Vgl. hierzu: *Topitsch*, Ernst, Sozialtheorie und Gesellschaftsgestaltung, in: Sozialphilosophie zwischen Ideologie und Wissenschaft, 1961, S. 125—153, 149: „Gerade in den Leerformeln, die ja infolge ihrer Inhaltslosigkeit mit jedem nur denkbaren Wertgehalt vereinbar sind, kann der kontemplative Betrachter, der erschüttert vor den Wechselfällen der Weltgeschichte und der Vielfalt gegensätzlicher Wertüberzeugungen steht, die ewigen, unveränderlichen Prinzipien der Gerechtigkeit erblicken, an denen er den Frieden seiner Seele wiederfindet."

[38] *Topitsch*, Leerformeln, S. 256; ds., Ideologie, S. 40.

[39] *Topitsch*, Leerformeln, S. 252.

[40] *Topitsch*, Leerformeln, S. 262.

[41] *Topitsch*, Erkennen, S. 276 f.

[42] Vgl. dazu: *Topitsch*, Erkennen, S. 277: „Normative Sätze, die mit jeder beliebigen menschlichen Verhaltensweise vereinbar sind, können ebenso nur als Leerformeln angesehen werden wie deskriptive Sätze, die mit jedem beliebigen Sachverhalt übereinstimmen."

wie bereits dargelegt wurde[43] — nicht in lauter individuelle auseinander, sondern sie stimmen in gewissem Umfang überein. Das gilt vor allem für diejenigen Wertungen, die sich in den von Menschen gesetzten Rechtsnormen niederschlagen. Rechtsnormen und die durch Rechtsnormen konstituierten Rechtswerte werden „vom Standpunkt des sozialen Ganzen aus" gebildet[44]. Mit ihrer Hilfe wird festgelegt und vorgeschrieben, „was den sozialen Verband angeht, was nicht bloß Sache des einzelnen ist, sondern für das ein gemeinsames Interesse besteht". Derartige gemeinsame Wertungsgrundsätze, die für den einzelnen eine „Norm der Beurteilung" und damit eine „Richtschnur für das praktische Verhalten" darstellen, welche seinen individuellen Wertungen durchaus widersprechen kann, sind für ein Zusammenleben in sozial-kultureller Gemeinschaft unerläßlich.

Wer das eigene wie das soziale Leben bejaht, kann „den Wert alles dessen, was dafür unerläßliche Bedingung ist"[45], nicht verneinen. Für ihn besteht eine sachliche Notwendigkeit zur Anerkennung gewisser überindividueller Wertungsgrundsätze. Alles, was für die Kultur unumgänglich notwendig ist, ist als wertvoll anzuerkennen, was sie schädigt oder behindert als unwert. Was notwendig ist, wird weitgehend durch die allgemein menschliche Organisation bestimmt. Die biologische Organisation des Menschen ist eine funktionale[46]. Der Mensch hat ein System von Grundtrieben, gattungsmäßigen Bedürfnissen und bestimmten Funktionskreisen. Wenn auch durch die individuelle und geschichtliche Entwicklung eine Modifikation erfolgt, so steht doch der Wertcharakter dessen, was die Lebensbedürfnisse befriedigen und Lebensgefahren abwehren hilft, grundsätzlich fest, sofern man überhaupt das Leben als Wert bejaht. Infolge dieser allgemein menschlichen Organisation sind die Grundwertungen, die in jeder Kultur gelten müssen, objektiv bestimmt. Auch die Einschränkung der Willkür der einzelnen durch allgemein verbindliche Regeln ist eine „Grundbedingung sozialen Lebens". Durch diese Einschränkung wird „Kampf ausgeschaltet und Streit geschlichtet"[47]. Die Grenzen werden vom Standpunkt der Gesellschaft unter dem „Gesichtspunkt eines gerechten Ausgleichs" auf rationale Weise durch Regeln bestimmt, welche an die Einsicht der einzelnen appellieren. Der Wert des Rechts als solchen ist somit allgemeingültig begründet. Grund dieser Allgemeingültigkeit ist seine „Unentbehrlich-

---

[43] Vgl. oben S. 94.

[44] Dazu und zum folgenden: *Kraft*, Grundlagen, S. 222—245.

[45] Zur konditionalen Begründung von Wertungsgrundsätzen: *Kraft*, Grundlagen, S. 245—55.

[46] Dazu: *Malinowski*, Bronislaw, Kultur und Freiheit, 1951, S. 115 ff.

[47] *Kraft*, Einführung, S. 132 f.

keit für die Kultur, in der sich die spezifisch menschlichen Fähigkeiten entfalten". Man muß sie anerkennen, sofern man „im Verein mit anderen als Kulturmensch leben will"[48].

Der Umstand, daß in allen Kulturkreisen im Laufe der Entwicklung eine „Gemeinsamkeit und Konstanz" menschlicher Wertungen festzustellen[49] ist, die in allgemeinen Wertungsgrundsätzen zum Ausdruck gelangt, besagt jedoch nicht, daß die im Lebensprozeß geschaffenen Wertkonstanten verschiedener Kulturen ihrem Inhalt nach übereinstimmen. Die Übereinstimmung erstreckt sich lediglich auf bestimmte „Klassen von allgemein Wertvollem"[50]. Die obersten Wertungsgrundsätze werden „durch die Kultur aufgestellt" und können in den Rechtsnormen der Staatsverfassung fixiert werden, welche dann die „einverständliche Grundlage für die Ableitung von Wertungen" darstellt[51]. Daß eine inhaltliche Übereinstimmung der einzelnen Wertungsgrundsätze verschiedener oder gar aller Kulturkreise allenfalls in einigen allgemeinen Grundzügen besteht, wird deutlich, wenn man bedenkt, welchen Bedingungen der einzelne von vornherein hinsichtlich seiner Werthaltungen und Normsetzungen unterliegt. Jeder Mensch wird in eine durch den Kulturkreis gegebene Werttradition hineingeboren, die er im Laufe seiner Entwicklung durch Nachahmung, Suggestion, bewußtes Lernen, soziale Wechselwirkung usf. übernimmt. Diese in regionaler, sozialer, nationaler, konfessioneller und zeitlicher Hinsicht bedingte Werttradition könnte sich der einzelne unmöglich selbst schaffen. Er kann dieses „überindividuelle Erbe", das er als geistigen Besitz vorfindet, aber auch nicht schlechthin negieren, „weil er sonst die Kultur negieren müßte"[52]. Andererseits erscheint dem einzelnen vieles als gegebene Tatsache, was auf den durchaus relativen Wertungen der Menschen beruht, die vor ihm gelebt haben, auf Wertungen, die der einzelne ausnahmsweise sogar zu modifizieren vermag, sofern er die erforderliche Überlegenheit an Geist, Willenskraft und Leidenschaftlichkeit besitzt, welche Autorität begründet, und sofern außerdem eine gewisse Aufnahmebereitschaft in der Gesamtheit vorhanden ist. Dabei ist freilich zu bedenken, daß der einzelne in der Regel nur einen außerordentlich geringen Anteil an der Aufstellung überindividueller Wertgrundsätze hat. Angesichts der Tatsache, daß er eine Vielzahl von Wertungen als gegeben vorfindet, die nicht selten über Generationen hinweg überliefert worden sind, kann subjektiv nur allzu leicht der Eindruck entstehen, daß es sich um absolute materiale

[48] *Kraft*, Grundlagen, S. 243 f.
[49] *Kraft*, Grundlagen, S. 232.
[50] *Kraft*, Grundlagen, S. 243 f.
[51] *Kraft*, Einführung, S. 114, 121 ff.
[52] *Kraft*, Grundlagen, S. 110.

Werte handele, welche von vornherein und unabhängig vom Menschen bestehen. Auf diese Weise werden die sozial herrschenden, tradierten menschlichen Wertungen zu absoluten Werten hypostasiert[53]. Vom Standpunkt wissenschaftlicher Erkenntnis ist jedoch lediglich eine relative Beständigkeit inhaltlicher Wertungen festzustellen, die das Vorhandensein überzeitlicher, allgemeingültiger absoluter Werte nicht erweist[54].

§ 14 Grenzen rechtstheoretischer Erkenntnis

Angesichts des werthaften Charakters allen positiven Rechts drängt sich die Frage auf, inwieweit überhaupt eine dynamisch-funktionale Rechtsbetrachtung von ihrem Vorgehen wissenschaftliche Erkenntnis erwarten darf. Für eine nicht bloß normative, sondern an den Beziehungen zwischen dem positiven Recht und der sozialen Wirklichkeit orientierte Rechtstheorie stellt sich dieses allgemeine Problem der Rechtswissenschaft in verschärfter grundsätzlicher Form. *Viehweg* hat die Stellung der Rechtswissenschaft durch die knappe Formel umrissen, sie interpretiere „nicht nur die tradierte opinio iuris, deren Kernstück die aus ihr entstandene lex positiva ist, sondern auch die je zu judizierenden Sachverhalte im Hinblick auf diese opinio und damit alles in allem ihre eigene Situation"[1]. Daher bietet sich als bequeme Ausflucht die Erklärung an, alle Rechtstheorie — und damit auch eine dynamisch-funktionale! — sei ihrem Wesen nach eine verstehende Geisteswissenschaft. Diese Erklärung vermag jedoch nur dann zu befriedigen, wenn man unkritisch Verstehen mit wissenschaftlichem Erkennen identifiziert.

Auch *Viehweg*, der innerhalb der Rechtsdisziplin den Fächerdualismus eines „dogmatischen Meinungsdenkens" und eines „Forschungsdenkens" entdecken will[2], erscheint die Geisteswissenschaftlichkeit der Rechtstheorie nicht ausgemacht, denn er bemerkt, die „rechtstheoretische Forschung, deren Einstellung von den übrigen Forschungen

---

[53] Zutreffend bemerkt demgegenüber *Kraft*, Grundlagen, S. 232: „Was man als die ewigen, die wahren, die evidenten Werte betrachtet, das sind nichts anderes als die sozial herrschenden und traditionellen Wertungen."

[54] Für *Topitsch* sind deshalb die „objektivierenden Konstruktionen normativer Systeme" lediglich intellektuelle Hilfsmittel, die „vom logischen Standpunkt hypothetisch, vom historisch-soziologischen relativ, in wissenschaftlich-vergegenständlichender Blickrichtung ... rein faktisch" sind. Vgl. *Topitsch*, Naturrechtsproblem, 176.

[1] *Viehweg*, Theodor, Zur Geisteswissenschaftlichkeit der Rechtsdisziplin, StG 1958, S. 334—40, 338 f.

[2] *Viehweg*, S. 334. f.

implizit oder explizit immer schon vorausgeschickt wird, (könne) den
Geisteswissenschaften näher oder ferner stehen"[3]. Die Anforderungen,
welche ein Verstehen an das künstlerische Einfühlungsvermögen seines
Interpreten stellt, scheint Viehweg bedacht zu haben, wenn er abschließend äußert, „daß die Kategorie des Verstehens immer fragwürdiger wird, je weiter man sich vom eigenen Standort entfernt".

Die Eigentümlichkeit, daß der Verstehende in den zu verstehenden
Bereich mit einbezogen bleibt und alles Fremdverstehen ein Sich-selbst-
Auslegen mit einschließt, gehört jedenfalls seit *Dilthey*[4] zu den Einsichten, die als zutreffend einen nachhaltigen Anklang gefunden haben.
Mit dieser Einsicht werden freilich auch andere Ansichten Diltheys
übernommen, denen gegenüber eine kritischere Haltung angebracht
erscheint. Das gilt vor allem von der Methode des Verstehens, von der
angenommen wird, sie konstituiere als Explikation des zuvor im
Lebensvollzuge schon intuitiv verstandenen einen spezifischen Gegenstandsbereich. Der Akt des Verstehens, in welchem sich das Subjekt
seines Gegenstandes bemächtigt, wird als den Geisteswissenschaften
eigentümlicher Erschließungsakt angesehen, dem eine spezifische Struktur von Objektivität zukomme[5]. Der Aktvollzug des Verstehens ist auf
ein Objekt gerichtet, das der geschichtlichen Wirklichkeit angehört und
das im Verstehen „bis zu einem bestimmten Grade verfügbar" wird,
„weil der Verstehende Teil des Ganzen ist, zu dem das Objekt auch
gehört"[6]. Die menschliche und geschichtliche Wirklichkeit in ihrer unendlichen Individuation wird so zum Objekt der verstehenden Geisteswissenschaften.

Das Verhältnis der Verbundenheit zwischen Subjekt und Objekt der
Erkenntnis begründet jedoch als solches noch keine spezifisch geisteswissenschaftliche Eigenart des Erkenntnisvorgangs. Auch bei der Erforschung der physischen Natur, insbesondere bei der Beobachtung
des Kosmos, sind die einschlägigen wissenschaftlichen Disziplinen zu
der Einsicht gelangt, daß der Beobachter bei der „Betrachtung von
Dingen, die sich durch Zeit und Raum hin bewegen", sich nicht auf

---

[3] *Viehweg*, S. 340.
[4] Vgl. z. B. *Dilthey*, Wilhelm, Gesammelte Schriften, Bd. VII, S. 135, 151,
der dazu bemerkt, der einzelne Mensch in seinem auf sich selbst ruhenden
individuellen Dasein sei ein „geschichtliches Wesen", das Geschichte verstehe, „weil es selbst ein historisches Wesen" darstellt.
[5] Vgl. hierzu: *Schultz*, Werner, Die Wahrheit der Wissenschaft und die
Wahrheit des christlichen Glaubens in protestantischer Sicht, StG 1961,
S. 57—73, bes. S. 57, der zwischen dem Erkennen als dem Erschließungsakt
der mathematischen Naturwissenschaften, dem Verstehen der Geisteswissenschaften und dem Begegnen als dem Erschließungsakt des christlichen
Glaubens unterscheidet.
[6] *Schultz*, S. 69.

einen Beobachtungsposten „außerhalb unserer vierdimensionalen Welt"
stellen kann, sondern voll und ganz dem System angehört, das er
beobachtet[7]. Die Abhängigkeit zwischen dem Betrachter und seinem
Gegenstand, aus dem das Erkenntnisobjekt durch die Betrachtung konstituiert wird, ist unabhängig davon, ob es sich um Gegenstände der
Natur oder solche aus dem geschichtlich-kulturellen Bereich handelt.

Geht man von der durchgängigen Abhängigkeit zwischen dem Betrachter und seinem Gegenstand aus, so lassen sich zwei verschiedene
Arten des Ansatzes denken, welche der Forscher gegenüber seinem
Gegenstand einnehmen kann: er kann als Beobachter an seinem Objekt innerlich (durch Introspektion) beteiligt sein; er kann sein Objekt
aber auch ohne diesen unmittelbaren Zugang, gleichsam nur als außen-
stehender Beobachter theoretisch analysieren. Die Betrachtung der
Rechtsnormen und ihres Verhältnisses zur sozialen Wirklichkeit, deren
Teil sie zugleich darstellen, genügt offensichtlich den Voraussetzungen
der ersten Betrachtungsart. Damit ist jedoch bezüglich der angeblichen
Geisteswissenschaftlichkeit einer rechtstheoretischen Betrachtung noch
nichts gewonnen. Nur scheinbar stellen beide Positionen — methodologisch gesehen — sich ausschließende Alternativen dar.

Zwar hat Max *Weber*, der wohl bedeutendste Vertreter der ver-
stehend-hermeneutischen Methode, als Objekt einer „verstehenden"
Deutung ausdrücklich den „Sinnzusammenhang des Handelns" heraus-
gestellt, also das menschliche Verhalten, „wenn und insofern als der
oder die Handelnden mit ihm einen subjektiven Sinn verbinden"[8]. Er
hat ferner unterschieden zwischen Aussagen, die auf Sinnzusammenhänge abstellen, und solchen Aussagen, „die Vorgänge oder Zuständ-
lichkeiten ohne gemeinten Sinngehalt"[9] bezeichnen, und hat eine „Mehr-
leistung der deutenden gegenüber der betrachtenden Erklärung"[10] behauptet. Es mag daher nahe liegen, im Hinblick auf die vom Menschen
und seinen Wertvorstellungen und Sinngebungen gestaltete Welt die
Überlegenheit der nacherlebend-verstehenden Deutung zu behaupten.
Zum geisteswissenschaftlichen Autonomieanspruch[11] ist es von hier nur
noch ein Schritt.

---

[7] Vgl. *Toynbee*, Arnold, Die Erforschung des Weltgeschehens und die
geistigen Entscheidungen unserer Gegenwart, Us 1960, S. 1145—54, 1146.

[8] *Weber*, Max, Wirtschaft und Gesellschaft, in: Grundriß der Sozialökonomik, III. Abtlg., 1922, S. 1.

[9] M. *Weber*, S. 2 f.

[10] M. *Weber*, S. 7.

[11] Vgl. hierzu die methodengeschichtliche Analyse bei: *Kade*, G., Die
logischen Grundlagen der mathematischen Wirtschaftstheorie als Methodenproblem der theoretischen Ökonomik, 1958, S. 114—132.

Andererseits ist gerade ein Ausschließlichkeitsanspruch zugunsten der verstehenden Deutung zahlreichen Einwendungen ausgesetzt, die in der Eigenart der Methode begründet sind. Als Nachteile einer introspektiv fundierten Deutung werden genannt: mangelnde Eindeutigkeit, die sich bis zu unklaren und diffusen Interpretationen steigern kann, gedankliche Lücken und Widersprüche sowie der Rekurs auf Irrationalität und Einfühlung, welcher eine intersubjektive Überprüfung und die kritische Diskussion erschwere[12]. Der wohl gewichtigste Einwand richtet sich aber gegen das nacherlebende Verstehen selbst. Nicht von ungefähr hat *Abel* behauptet, „‚Verstehen' does not ... add to our store of knowledge"[13]. Sein Vorbringen zielt darauf ab, daß die introspektive Erfahrung in Form von „emotional syllogisms"[14] nur das reproduziert, was dem Verstehenden ohnehin schon bekannt ist. Noch weiter ist J. *Kraft* gegangen, der die „Unaufweisbarkeit geisteswissenschaftlicher Erkenntnisgrundlagen" behauptet und die geisteswissenschaftliche Methode als eine solche des „Verstehens ohne Verständnis" bezeichnet hat[15].

Die Frage, was das geisteswissenschaftliche Verstehen überhaupt, geschweige denn als Methode rechtstheoretischer Erkenntnis leistet, ist somit nicht ohne weiteres eindeutig zu beantworten. Jedoch ergibt ein Vergleich mit der heute vorherrschenden wissenschaftslogisch orientierten theoretischen Analyse gewisse Beurteilungsgesichtspunkte, die eine Antwort ermöglichen. Gemäß dem Sprachgebrauch der modernen Wissenschaftslogik wird im folgenden der Ausdruck Theorie[16] nur für Systeme synthetisch-nomologischer Aussagen verwendet, d. h. zur Bezeichnung einer logisch geordneten Zusammenfassung von Aussagen, deren Elemente nach allgemein anerkannten Schlußverfahren abgeleitet und verifiziert, zumindest jedoch nicht falsifiziert worden sind. Bei einem derartigen Vergleich ist davon auszugehen, daß nacherlebend-verstehende Deutung und rationale Theorie — bildlich gesprochen — verschiedenen Erklärungsebenen angehören. Im Bereich der Deutung von Sinnzusammenhängen, insbesondere der wertbestimmten Rechtsgestaltung, bietet das Verstehen als Methode unbe-

---

[12] *Kraft*, Julius, Das Rätsel der Geisteswissenschaft und seine Lösung, StG 1958, S. 131—138.
[13] *Abel*, Theodore, The Operation Called Verstehen, in: Readings in the Philosophy of Science, hrsg. von H. *Feigl* und M. *Brodbeck*, 1953, S. 687 und S. 684: "Since the operation consists of the application of knowledge we already possess, it cannot serve as a means of discovery."
[14] *Abel* folgt insoweit *Alexander*, F., The Logic of Emotions and its Dynamic Background, IJP XVI (1935), S. 399.
[15] J. *Kraft*, S. 132 f.
[16] *Kloten*, Norbert, Der Methodenpluralismus und das Verstehen, in: Systeme und Methoden in den Wirtschafts- und Sozialwissenschaften, hrsg. von N. *Kloten* u. a., 1964, S. 207—236, 224 f.

streitbare Vorteile, da einer rationalen Theorie verhältnismäßig enge Grenzen gesetzt sind[17]. Die innere Teilhabe des Betrachters an seinem Erkenntnisobjekt schafft hier nicht selten überhaupt erst den Zugang. Die Eigenschaft, „selbst Mensch zu sein", stellt eine enge Beziehung zwischen dem verstehenden Subjekt und dem analysierten Objekt her, durch welche Hypothesen über Fremdpsychisches, Tradiertes und allgemein akzeptierte Urteile ermöglicht werden[18]. Außerdem ist die verstehende Deutung gerade in dem Bereich der menschlichen Wertungen wegen ihrer ausgeprägten Geschichtsbewußtheit der schon im Ansatz nicht selten ungeschichtlichen, rationalen Theorie überlegen. Es ist ferner zuzugeben, daß gewisse Bereiche, vor allem komplexe, örtlich und zeitlich gebundene Sachverhalte und Wertverhalte, sich überhaupt der Theorie im strengen Sinne mehr oder weniger entziehen. Das gilt vor allem für vielschichtige Ereignisabläufe, die über einen längeren Zeitraum hin verfolgt werden und bei denen sich der Forscher nicht selten mit Vermutungen begnügen muß[19].

Freilich darf dabei nicht die entscheidende Schwäche der nacherlebend-verstehenden Deutung außer acht gelassen werden, die in der Vernachlässigung der logischen Analyse zu erblicken ist[20]. Wie *Kloten* zutreffend dargelegt hat, müssen Erklärungszusammenhänge auf der Grundlage introspektiver Deutung, die nicht im Wege wissenschaftlicher Ableitung unter Verwendung wissenschaftslogisch anerkannter Schlußregeln zustandegekommen sind, als „scheinexplikativ" gelten[21]. In der introspektiven Deutung werden Phänomene miteinander verknüpft, die nicht in einer erwiesenermaßen logischen Beziehung zueinander stehen und demzufolge zumindest disparate Phänomene darstellen können. Die von der nacherlebend-verstehenden Deutung behaupteten Beziehungen sind somit logisch gleichwertig in dem Sinne, daß keine von ihnen in logischer Hinsicht mehr Gewißheit für

---

[17] *Kloten*, S. 230.

[18] *Kraft*, Erkenntnislehre, S. 280 ff.

[19] Vgl. hierzu: *Jöhr*, Walter Adolf, Schätzungsurteil und Werturteil, in: Systeme und Methoden in den Wirtschafts- und Sozialwissenschaften, hrsg. von N. *Kloten* u. a., 1964, S. 155—168. Für bestimmte Erkenntnisaufgaben will Jöhr sich mit nicht beweisbaren „Schätzungsurteilen" begnügen. Nach Jöhr, S. 165 kann als Grundsatz gelten, „daß die beweisbare Erkenntnis angestrebt werden soll und daß die nichtbeweisbare nur dort gerechtfertigt ist, wo eine beweisbare Erkenntnis angesichts der Natur der Dinge, wie bei den Werten oder den Veränderungen der Bedingungen einer Prognose, nicht möglich ist, oder wo die beweisbare Erkenntnis angesichts des Standes der empirischen Forschung nicht oder nicht innerhalb nützlicher Frist erreicht werden kann".

[20] *Albert*, Hans, Der moderne Methodenstreit und die Grenzen des Methodenpluralismus, JSW Bd. 13 (1962), S. 155.

[21] Dazu und zum folgenden: *Kloten*, S. 220.

sich beanspruchen kann als andere mögliche Verknüpfungen[22]. Zwar können auch introspektiv gewonnene Aussagen plausibel[23] sein und ein Beziehungsgefüge im Sinne eines Aussagensystems[24] darstellen. Einzelne introspektive Aussagen mögen sich sogar bewähren. Logisch zwingend ist eine derartige Erklärungsweise als ganze gleichwohl nicht.

Nacherlebend-verstehendes Deuten und rationale Theorie schließen nach allem einander weder aus noch läßt sich allgemein ein eindeutiger Vorrang einer der beiden Methoden begründen. Man wird der Eigenart beider Ansätze am ehesten gerecht, wenn man von einem Nebeneinander geisteswissenschaftlicher Deutung und theoretischer Erklärung im Sinne einer Aufgabenteilung spricht. Diese Aufgabenteilung ist freilich nicht streng durchzuführen, da sich die Anwendungsbereiche beider Ansätze zum Teil überschneiden. Eine Überschneidung ist dort gegeben, wo die verstehende Deutung im Rahmen des Erkenntnisprozesses eine bloß vorbereitende Aufgabe übernimmt, indem sie die logische Ableitung von Zusammenhängen intuitiv vorbereitet[25]. Aufgabe der theoretischen Erklärung ist es, die verstehend als wahrscheinlich erkannten Zusammenhänge in logischer Hinsicht zu analysieren und anschließend zu überprüfen. Nomologische Hypothesen, deren Aussagen in einer umfassenden Verifikation erhärtet werden konnten, machen die verstehende Operation entbehrlich. Wegen ihrer logischen Überlegenheit verdienen sie stets den Vorzug, sofern sie zu bestätigungsfähigen Aussagen führen. Zutreffend weist *Kloten* jedoch darauf hin, daß „den theoretischen Derivationen Grenzen gesetzt sind" und für das Verstehen als Methode ein „außerordentlicher Anwendungsbereich" verbleibt[26]. Zwar sind wirklichkeitserklärende Ableitungen, wenn kein Schlußfehler vorliegt, endogen nicht zu widerlegen. Sie sind jedoch gegenüber einer exogenen Kritik (z. B. Verweis auf ihren hypothetischen Charakter, auf falsifizierende Beobachtungen usf.) um so anfälliger[27]. Deshalb darf in der Tat die verifizierte logische Ableitung nicht überschätzt werden. In weiten Bereichen, beispielsweise des irrationalen, von letzten Werten bestimmten menschlichen Verhaltens, ist das nacherlebend-verstehende Deuten eine durchaus „adäquate Methode"[28].

---

[22] Vgl. *Abel*, S. 685: "From the point of Verstehen alone, any connection that is possible is equally certain."

[23] *Kloten*, S. 222.

[24] *Kloten*, S. 228.

[25] *Kade*, S. 126 macht es sich jedoch zu einfach, wenn er dem Verstehen „im Gesamtaufbau des Erkenntnisprozesses", in welchem die theoretische Wissenschaftsform eine zentrale Stellung einnehme, schlechthin „nur eine vorbereitende Aufgabe" zuweist.

[26] *Kloten*, S. 230.

[27] *Kloten*, S. 223.

[28] *Kloten*, S. 222.

Wollte man nur die theoretische Erklärung im Sinne der modernen Wissenschaftslogik als wissenschaftliche Methode gelten lassen, so müßte man nicht selten überhaupt darauf verzichten, Aussagen über soziale Phänomene zu formulieren.

Die Frage nach der Bedeutung der geisteswissenschaftlichen Denkweise für die Rechtswissenschaft kann nach allem nicht einheitlich beantwortet werden. In den vorwiegend dogmatisch orientierten Fachgebieten wird man dem Verstehen als Methode eine Berechtigung jedenfalls dann nicht absprechen können, sofern es um die Deutung der in den Rechtsnormen positivierten menschlichen Wertungen geht[29]. Hingegen wird das Verstehen bei der Bearbeitung rechtstheoretischer Fragen — sei es, daß diese im Zusammenhang mit rechtsdogmatischen Problemen oder auch losgelöst von ihnen, hypothetisch-abstrakt behandelt werden — in der Regel als Vorläufer theoretischer Ableitungen dienen, indem es diese Ableitungen intuitiv vorbereitet. Wegen der mangelnden logischen Stringenz aller nacherlebend-verstehenden Deutung ist jedoch gerade im Bereich rechtstheoretischer Fragestellungen anzustreben, das Verstehen nach Möglichkeit durch Ableitungen zu ersetzen, die in wissenschaftslogisch anerkannten Schlußverfahren vorzunehmen sind mit dem Ziel, bestätigungsfähige Aussagen zu formulieren. In dem Maße, in dem das gelingt, wird die nacherlebend-verstehende Deutung als Methode rechtstheoretischer Erkenntnis entbehrlich. Macht man sich bewußt, daß die Geisteswissenschaften „aus der Perspektive bestimmter zufälliger Standorte und Interessen bestimmter produktiver Völker"[30] entstanden sind, so wird deutlich, daß kein Anlaß besteht, starr an tradierten Denkformen in ihrer überlieferten Gestalt festzuhalten, obwohl sich exaktere Methoden anbieten. Für eine dynamisch-funktionale Rechtstheorie, welche Theorie des positiven Rechts schlechthin und nicht Theorie einer speziellen Rechtsordnung sein will[31], muß das Verstehen ohnehin — methodologisch gesehen — von vornherein als weniger geeignet erscheinen, da es dieser Rechtstheorie nicht oder jedenfalls nicht primär um die Erfassung konkreter Sinngehalte geht, die in bestimmten Rechtsnormen fixiert worden sind, sondern um allgemeine Regelmäßigkeiten und Gesetzlichkeiten des positiven Rechts überhaupt.

---

[29] Die von *Viehweg*, S. 340 gegebene Begründung, daß es sich „eben hier überwiegend um das Verstehen von Humaniora handelt", vermag nicht ganz zu überzeugen, weil sie nicht eindeutig genug darauf abstellt, daß die nacherlebend-verstehende Deutung der Erfassung der in den Rechtsnormen fixierten konkreten Sinngehalte dient.

[30] *Rothacker*, Erich, Die Geisteswissenschaften bilden kein „System", StG 1958, S. 141—46, 145; ds., Die dogmatische Denkform in den Geisteswissenschaften und das Problem des Historismus, 1954, bes. S. 291, 293, 298 und passim.

[31] *Kelsen*, S. 1.

Die Gesamtheit der im Wege logischer Ableitung gewonnenen rechtstheoretischen Aussagen ist — bedingt durch die logische Struktur dieser Verfahrensweise — gekennzeichnet durch die prinzipielle „Offenheit des Erkenntnissystems"[32]. Als System von hypothetischen Aussagen ist eine derartige Rechtstheorie wissenschaftslogisch gesehen durchaus vorläufig, weil ihre Hypothesen prinzipiell jederzeit falsifiziert werden können und in diesem Falle modifiziert oder aufgegeben werden müssen. Es ist nützlich, sich dieser durch die Methode bedingten Begrenzung rechtstheoretischer Erkenntnis bewußt zu sein.

Die dynamisch-funktionale Analyse des positiven Rechts versucht nicht, dem Recht intuitiv, von innen her, einen Sinn anzuempfinden oder abzugewinnen, sondern zieht eine rational-kritische Behandlung ihres Gegenstandes vor. Sie geht davon aus, daß menschliches Wollen und Handeln „auf das Erzielen wünschenswerter Ergebnisse gerichtet"[33] ist und das Verhalten der einzelnen direkt oder indirekt auf die Befriedigung spezifischer Bedürfnisse abzielt. Da der Ablauf der menschlichen Betätigungen ständig von wirtschaftlichen, politischen, geistigen und rechtlichen Werten bestimmt wird, die eine „Quelle der menschlichen Motivation" und Willensbildung darstellen[34], können innerhalb gewisser Grenzen mit Hilfe der durch Rechtsnormen konstituierten überindividuellen Wertungsgrundsätze die menschlichen Verhaltensweisen gelenkt und die einzelnen zur Zusammenarbeit im Hinblick auf bestimmte Ziele veranlaßt werden. Dabei werden Rechtsnormen von vornherein auf spezifische Funktionen hin konzipiert und zur finalen Lenkung des Sozialgeschehens eingesetzt. Die Rechtstheorie sieht es freilich nicht als ihre Aufgabe an, in diesem Sinne geeignete Rechtsnormen aufzustellen, weil es nicht Sache der Wissenschaft ist, Wertungsgrundsätze aufzustellen und den dafür Verantwortlichen ihre Verantwortung abzunehmen[35]. Sie analysiert die gegebenen Rechtsnormen nicht nur im Hinblick auf ihre formallogische Struktur und Rechtsform, sondern auch im Hinblick auf ihre Funktion in der sozialen Wirklichkeit. Dabei sieht sie die Rechtsnorm nicht als eine Aussage des Gesetzgebers über Tatsachenbeziehungen an, sondern als das Ergebnis einer im einzelnen sehr komplexen Wertung, wonach die Normadressaten im Hinblick auf den durch die Rechtsnorm intendierten

---

[32] Zum Wesen moderner Wissenschaft vgl. statt anderer: *Freyer*, Hans, Die Wissenschaften des 20. Jahrhunderts und die Idee des Humanismus, Me 1961, S. 101—117, bes. 110 ff.

[33] Dazu: *Malinowski*, S. 115 f.

[34] *Malinowski*, S. 122.

[35] Vgl. *Kraft*, Grundlagen, S. 258: „Werte zu weisen ist Sache der geistigen Führer, sie zu relativ allgemeingültigen zu machen Sache der sozialen Gemeinschaft, beides aber nicht Sache der Wissenschaft."

Zweck in bestimmter Weise zusammenwirken sollen; als einen überindividuelle Wertungen beinhaltenden Wertungsgrundsatz, der von
den Normadressaten zu befolgen ist[36]. Die Wertung selbst ist der
Rechtstheorie — wie aller Wissenschaft — verschlossen. Auch die
empirische Feststellung tatsächlicher Wertungen ist nicht ihre Sache,
sondern die zahlreicher anderer Disziplinen, in denen Wertungen z. B.
in psychologischer, soziologischer und historischer Hinsicht untersucht
werden.

Die rechtswissenschaftliche Behandlung von Wertungen geht von der
Geltung bestimmter Verhaltensmuster aus. Sie ist jedoch nicht auf
die logische Ordnung der Rechtsnormen beschränkt. Vom Standpunkt
der Logik lassen sich nur die logischen Beziehungen der einzelnen
Wertungsgrundsätze untereinander wissenschaftlich behandeln. Auf
diesem Wege können die gesetzgeberischen Wertungen aber „nur zu
einem hypothetisch-deduktiven System überhaupt" zusammengeschlos-
sen werden, das als dieses ein „beliebiges Wertsystem" sein kann[37].
Daneben besteht jedoch die Notwendigkeit, aus theoretisch-systema-
tischer Sicht eine Ordnung der Rechtsnormen als überindividueller
Wertungsgrundsätze vorzunehmen[38]. Wenn auch auf diesem Wege ein
„System unbedingt gültiger Werte" nicht gewonnen werden kann, so
lassen sich doch die herrschenden Wertungen in ein System bringen.
Die Urteile über derartige Verhaltensmuster können — wie andere
wissenschaftliche Hypothesen — rational diskutiert und kritisiert werden. Auch individuelle Wertungen werden damit rational überprüfbar.

Die Theorie beschränkt sich im wesentlichen auf die logische Ordnung
der Rechtsnormen und eine rein analytische Arbeit. Unter Umständen
kann darüber hinaus eine „Axiomatisierung der herrschenden Wertungen" vorgenommen werden[39]. In einem derartigen rationalen System
werden Wertungen grundsätzlich objektiv begründbar. Die Geltungs-
begründung dieser Wertungen kann aber immer nur eine hypothetische
sein, weil bestimmte Wertungsgrundsätze oder Ziele vorausgesetzt
werden müssen. Infolge der „Bedingtheit von Wertungen durch die
allgemeinen und speziellen Kulturbedingungen"[40] lassen sich außerdem
Wertklassen aussondern, deren oberste Werturteile durch die Bedürf-

---

[36] Auf die Bedeutung der Sanktion braucht in diesem Zusammenhang
nicht näher eingegangen zu werden. Grundlegend hierzu: *Barth*, Idee der
Sanktion, S. 176 ff.
[37] *Kraft*, Grundlagen, S. 260 f.
[38] Zur Möglichkeit der Begründung systematischer Wertdisziplinen im
allgemeinen: *Kraft*, Einführung, S. 114 ff., 124.
[39] *Kraft*, Grundlagen, S. 263 f.
[40] Dazu und zum folgenden: *Kraft*, Grundlagen, S. 261.

nisse menschlicher Organisation eindeutig bestimmt sind, ohne selbst Wertungen vorauszusetzen. Diejenigen Ziele, welche „durch die Bedingungen der Kultur überhaupt" gesetzt werden, und die sich daraus ergebenden Wertungsgrundsätze „kann nur ablehnen, wer darauf verzichtet, als Kulturmensch zu leben, und das heißt, wer überhaupt nicht Mensch sein will". Damit eröffnet sich der Theorie ein weites Feld systematischer Betätigung.

Innerhalb dieser Begrenzung erweist sich die Unterscheidung *Viehwegs* zwischen dem „dogmatischen Meinungsdenken", das eine „wie auch immer mit Autorität ausgestattete Meinung" auszudenken hat, ohne deren gedanklichen Gehalt zu überschreiten, und dem „Forschungsdenken", das „sich eine vorläufige Meinung zu bilden" hat, ohne an diese „jeweilig versuchsweise erfaßte Meinung gebunden" zu sein[41], als nicht praktikabel. Die inhaltliche Analyse der Rechtsnormen erschöpft sich nicht im Ausdenken und Zu-Ende-Denken einer autoritativen Meinung des Gesetzgebers, sondern genügt in gleicher Weise den Voraussetzungen des Forschungsdenkens. Bei der Analyse der Rechtsnormen werden vom Standpunkt der Theorie hypothetische Urteile hinsichtlich der Norminhalte aufgestellt. Diese Urteile sind interpersonell überprüfbar, einer kritischen Diskussion zugänglich und können jederzeit revidiert werden. Nur dort, wo im Verhältnis von Erkenntnis und Autorität eine Entscheidung für die letzte getroffen wird — und der praktizierende Jurist kommt um derartige individuelle Wertungen im Einzelfall gar nicht herum, weil alle normativ antizipierten Wertungsgrundsätze ihm die letzte Entscheidung im Einzelfalle nicht abnehmen können! —, wird der Boden wissenschaftlicher Erkenntnis zugunsten praktischer Entscheidung verlassen. Im Bereich der Rechtstheorie ist das einheitliche Prinzip wissenschaftlicher Erkenntnis durchaus zu verwirklichen, auch gegenüber dogmatischen Denkformen. Dabei ist der Gedanke der Einheit der Erfahrung in allen Wissenschaftsbereichen zugrundezulegen.

Ein einheitliches logisches System der Rechtsordnung wird jedoch nur derjenige erwarten, der die Wertungen ihrem Inhalt nach grundsätzlich aus der theoretischen Betrachtung ausschließt. Eine Theorie, welche auch die Inhalte der Wertungsgrundsätze als relevanten Gegenstand ansieht, wird nicht das Postulat der logischen Einheit der Rechtsordnung aufstellen, da vom Standpunkt wissenschaftlicher Erkenntnis mit einander widersprechenden Wertungen in den einzelnen Sachbereichen gerechnet werden muß. Zudem sind Wertungen in gewisser Hinsicht irrationale Produkte nicht einheitlicher Bedingungen,

---

[41] *Viehweg*, S. 334 f.

die sich nur in entscheidender Stellungnahme — also in selbständiger Wertung! — zum System schlichten lassen. Entscheidungen zu fällen und Wertungen zu setzen ist aber nicht Aufgabe der Wissenschaft.

In der hier vorgenommenen dynamisch-funktionalen Betrachtung des positiven Rechts ist vor allem versucht worden, die vom Recht verfolgten praktischen Zwecke, die durch eine Rechtsnorm intendierten Wirkungen, in ihrer rechtstheoretischen Bedeutsamkeit herauszustellen. Die Rechtstheorie kann es sich heute nicht mehr erlauben, die allgemeinen Beziehungen zwischen dem positiven Recht und der sozialen Wirklichkeit zu vernachlässigen und als metajuristisch zu ignorieren. Mehr als anderswo ist hier allerdings eine enge Kooperation mit den Erfahrungswissenschaften vonnöten. Mit ihnen teilt die Rechtstheorie aber nur das Materialobjekt, jedoch nicht das von ihr in eigenständiger, gedanklicher Zuwendung konstituierte Erkenntnisobjekt. Hinsichtlich der Gültigkeit derjenigen Werturteile, welche im Hinblick auf die unter Nützlichkeitswerten ausgelegte Daseinsordnung ausgesprochen werden, ist objektive wissenschaftliche Erkenntnis möglich, soweit es um die logischen und naturgesetzlichen Beziehungen der sachlichen Gehalte geht, die in den Werturteilen enthalten sind. Die Wertungen selbst werden von der Rechtstheorie nicht aufgestellt, sondern als geltend vorausgesetzt.

Die hier vorgetragenen Gedankengänge sind im einzelnen nicht neu. Sie wurden zusammengefaßt in der Absicht, damit zugleich das Fehlen einer umfassenden Rechtstheorie zu verdeutlichen, welche auf die soziale Funktion des positiven Rechts in unserer Daseinswirklichkeit abstellt. In diesem Fehlen ist — jedenfalls nach Ansicht des Verfassers — ein Mangel zu erblicken, der durch vermehrte rechtstheoretische Bemühungen behoben werden sollte. Wenn nicht alles täuscht, handelt es sich nicht um einen bloßen Nachholbedarf, wie er in vielen Wissenschaftsbereichen besteht. Es dürfte sich eher um einen bedenklichen Rückstand der Forschung in Grundlagenfragen der Rechtswissenschaft handeln, der sich — bedingt durch die Verwissenschaftlichung aller Rechtspraxis und die daraus resultierende Bevorzugung rechtsdogmatischer Detailfragen — im Gefolge einer Überspezialisierung der vorwiegend dogmatisch orientierten Disziplinen des Rechts ergeben hat. Gerade im Bereich ihrer Grundlagen kann sich die Rechtswissenschaft die Vernachlässigung wichtiger Problemkreise, welche über die traditionellen Grenzen der einzelnen rechtswissenschaftlichen Fachgebiete oder gar der Fakultät hinausgreifen, auf die Dauer nicht leisten, ohne selbst Schaden zu nehmen. Die Inangriffnahme einer dynamisch-funktionalen Rechtstheorie erscheint notwendiger denn je, da im Zuge der voranschreitenden Verwissenschaftlichung auch der Rechtssetzung die Rechtsnormen in ständig steigendem Maße als Mittel zur Verwirklichung spezifischer Zwecke eingesetzt werden.

Der Trend zur Verwissenschaftlichung und Versachlichung ist dem Rechtspraktiker, der das Recht ständig anzuwenden hat, schon seit langem geläufig. Die Geschichte der Rechtsanwendung wird geradezu gekennzeichnet durch den Übergang von der reinen Wortinterpretation zur „Auslegung der Gesetze nach ihrem rechtspolitischen Zweck"[42]. Auch der funktional-teleologische Charakter der Rechtsbegriffe ist als Ausgangspunkt der Gesetzesauslegung schon sehr häufig hervorgehoben worden[43]. Während es jedoch im Rahmen der Rechtsanwendung zahlreiche Anleitungen zur teleologischen Auslegung gibt, werden grundsätzliche methodologische und rechtstheoretische Überlegungen, die sich an der Funktion des Rechts in der sozialen Wirklichkeit orientieren, offensichtlich nicht als vordringlich angesehen. Wenn *Siebert* im Jahre 1958 geäußert hat[44], das Streben gehe jetzt dahin, „den Zweck des Rechts und der einzelnen Rechtserscheinungen zu erkennen und das Recht so fortzubilden, daß es den ethischen, sozialen und wirtschaftlichen Aufgaben der Zeit gerecht wird", und dann fortfährt, es handele sich dabei „um eine auf die Funktion des Rechts abstellende Betrachtungsweise", so ist das auch heute weniger die Feststellung einer gesicherten Einsicht, sondern eher ein Programm.

---

[42] *Bartholomeyczik*, Horst, Die Kunst der Gesetzesauslegung, 1951, S. 49.
[43] *Ekelöf*, Per Olof, Teleologische Gesetzesanwendung, ÖZÖR Bd. 9 (1958), S. 174—89; *Siebert*, Wolfgang, Die Methode der Gesetzesauslegung, 1958, S. 7 ff.; *Kronstein*, Heinrich, Rechtsauslegung im wertgebundenen Recht, 1957, bes. S. 26; *Germann*, O.A., Methodische Grundfragen, 1946, S. 11 f., 104 f., 174 (mit weiteren Schrifttumsnachweisen); *Schwinge*, Erich, Teleologische Begriffsbildung im Strafrecht, 1930, bes. S. 9 f., 12 (und die dort Zitierten!).
[44] *Siebert*, S. 7.

Schrifttumsverzeichnis

Abel, Theodore, The Operation Called Verstehen, in: Readings in the Philosophy of Science, hrsg. von H. Feigl und M. Brodbeck, New York 1953.

Adorno, Theodor W., Bemerkungen über Statik und Dynamik, KZS 1956 S. 321—328.

Albert, Hans, Der moderne Methodenstreit und die Grenzen des Methodenpluralismus, JSW 1962 Bd. 13; zit. *Albert*, Methodenstreit.

— Wissenschaft und Politik. Zum Problem der Anwendbarkeit einer wertfreien Sozialwissenschaft, in: Probleme der Wissenschaftstheorie, Festschrift für Viktor Kraft, hrsg. von Ernst Topitsch, Wien 1960 S. 201—32; zit. *Albert*, Wissenschaft.

— Das Wertproblem in den Sozialwissenschaften, SchweizZVS 1958 S. 335; zit. *Albert*, Wertproblem.

— Das Werturteilsproblem im Lichte der logischen Analyse, in: ZgStW Bd. 112 (1956) S. 410 ff.; zit. *Albert*, Werturteilsproblem.

Alexander, F., The Logic of Emotions and its Dynamic Background, IJP 1935 XVI.

Alschner, Gerd, Rationalität und Irrationalität in den wirtschaftlichen Handlungen und ihre Erfassung durch die Wirtschaftstheorie, SchJ 77 (1957) S. 385—435.

Angell, James Rowland, Functionalism, in: The Encyclopedia Americana, Volume XII, New York — Chicago 1950 S. 160—62.

Arndt, Adolf, Rechtsdenken in unserer Zeit, RuS 1955 Heft 180.

Austeda, Franz, Zur Eigenart und Typik der philosophischen Begriffsbildung, in: Probleme der Wissenschaftstheorie, Festschrift für Victor Kraft, hrsg. von Ernst Topitsch, Wien 1960 S. 73—100.

Ballerstedt, Kurt, Über wirtschaftliche Maßnahmegesetze, in: Festschrift für Walter Schmidt-Rimpler, Karlsruhe 1957, S. 369—402.

Barth, Hans, Die Idee der Sanktion bei Jeremy Bentham und Pierre-Joseph Proudhon, in: Die Idee der Ordnung, Erlenbach-Zürich, 1958 S. 176—95; zit. Barth, Idee der Sanktion.

Bartholomeyczik, Horst, Die Kunst der Gesetzesauslegung, Frankfurt a. M. 1951.

Bauch, Bruno, Wahrheit, Wert und Wirklichkeit, Leipzig, 1923.

Baumgarten, Arthur, Die Wissenschaft vom Recht und ihre Methode, Tübingen Bd. 1, 1920; Bd. 2, 1922.

Becker, Howard, Politische Gebilde und Außenkonflikt, KZS 1 (1948/49) S. 5—16.

Beyer, Bruno, Kritische Studien zur Systematisierung der Staatsfunktionen, ZgStW 67 (1911) S. 421—73, 605—47.

Bierling, Ernst Rudolf, Juristische Prinzipienlehre, 5. Bd. Tübingen 1917.

Bills, Arthur Gilbert, Functional Psychology, in: Encyclopaedia Britannica, Volume 18, Chicago—London—Toronto 1951 S. 714.

Blessin-Ehrig-Wilden, Bundesentschädigungsgesetze, 3. Aufl., München und Berlin 1960.

Bobbio, Norberto, Über den Begriff der „Natur der Sache", ARSP XLIV (1958) S. 305—321.

Bochenski, J. M., Die zeitgenössischen Denkmethoden, 2. Aufl., München 1959.

Boring, Edwin Garrigues, Functionalism, in: Encyclopaedia Britannica, Volume 18, Chicago—London—Toronto 1951 S. 675/76.

Bott-Bodenhausen, Manfred, Formatives und funktionales Recht in der gegenwärtigen Kulturkrisis, Berlin, 1926.

Brandt, Karl, Struktur der Wirtschaftsdynamik, Frankfurt a. M., 1952.

Brusiin, Otto, Über das juristische Denken, Societas Scientiarium Fennica, Commentationes Humanorum Litterarum XVII 5, Helsinki, 1951.

Bühler, Karl, Sprachtheorie, Jena 1934.

Burckhardt, Walther, Methode und System des Rechts, Zürich 1936.

Cairns, Huntington, The Theory of Legal Science, Chapel Hill, N. C. 1941.

Callies, Rolf-Peter, Eigentum als Institution, München 1962.

Cancian, Francesca, Functional Analysis of Change, ASR 1960 S. 818—827.

Carnelutti, Francesco, Teoria generale del diritto, Roma 1951.

Cassirer, Ernst, Substanzbegriff und Funktionsbegriff. Untersuchungen über die Grundfragen der Erkenntniskritik, Berlin 1923.

Cicala, F. B., Corso di Filosofia del diritto, Firenze 1948.

Cohn, Jonas, Wertwissenschaft, Stuttgart 1932.

Coing, Helmut, Wirtschaftswissenschaften und Rechtswissenschaften, SVS Bd. 33 (1964) S. 1—7.

Comte, Auguste, Soziologie, 2. Aufl., 1. Band, Bd. VIII der Sammlung sozialwissenschaftlicher Meister, hrsg. von Heinrich Wentig, Jena, 1923.

Cossio, Carlos, La teoria egológica del derecho y el concepto juridico de libertad, Buenos Aires 1944.

Curtiss, David Raymond, Function, in: Encyclopaedia Britannica, Volume 9, Chicago—London—Toronto 1951 S. 915—21.

Dabin, Jean, Théorie Générale du Droit. Deuxième édition, Bruxelles 1953.

Dahm, Georg, Deutsches Recht. Die geschichtlichen und dogmatischen Grundlagen des geltenden Rechts, 2. Aufl., Stuttgart 1963.

Dahrendorf, Ralf, Soziale Klassen und Klassenkonflikt in der industriellen Gesellschaft, Stuttgart 1957.

Dampier, William Cecil, Kurze Geschichte der Wissenschaft in ihren Beziehungen zur Philosophie und Religion, Zürich 1946.

Diemer, Alwin, Artikel: Metaphysik, in: Philosophie, hrsg. von Alwin Diemer und Ivo Frenzel, Frankfurt a. M. — Hamburg 1958 S. 185—98.

Dilthey, Wilhelm, Gesammelte Schriften, Bd. VII und VIII, Leipzig und Berlin 1927/31.

Dore, Ronald Philip, Function and Cause, ASR 1961 S. 843—53.

Dorsch, Friedrich, Artikel: Funktion, in: Psychologisches Wörterbuch, 6. Aufl., Hamburg und Bern 1959.

Ekelöf, Per Olof, Teleologische Gesetzesanwendung, ÖZÖR 9 (1958) S. 174—89.

Engisch, Karl, Logische Studien zur Gesetzesanwendung, 2. Aufl., Heidelberg 1960; zit. *Engisch*, Gesetzesanwendung.

Engisch, Karl, Aufgaben einer Logik und Methodik des juristischen Denkens, StG 1959 S. 76—87; zit. *Engisch*, Logik.

— Vom Weltbild des Juristen, Heidelberg, 1950; zit. *Engisch*, Weltbild.

Engliš, Karel, Teleologische Theorie der Staatswissenschaft, Brünn 1933; zit. *Engliš*, Theorie.

— Begründung der Teleologie als Form des empirischen Erkennens, Brünn 1930; zit. *Engliš*, Teleologie.

Fallding, Harold, Functional Analysis in Sociology, ASR 1963 S. 5—13.

Fehr, Hans, Die Dynamik des Gesetzes, ZSR 59 (1940) S. 53—64; zit. *Fehr*, Dynamik.

— Die Fortschritte des dynamischen Rechts, in: Festschrift für Heinrich Lehmann, Berlin, 1937, S. 31—42; zit. *Fehr*, Fortschritte.

— Das kommende Recht, Berlin und Leipzig, 1933; zit. *Fehr*, Recht.

— Recht und Wirklichkeit, Zürich 1927; zit. *Fehr*, Wirklichkeit.

Forsthoff, Ernst, Strukturwandlungen der modernen Demokratie, Berlin 1964; zit. *Forsthoff*, Strukturwandlungen.

— Lehrbuch des Verwaltungsrechts, 1. Band, 8. neubearbeitete Auflage, München und Berlin 1961; zit. *Forsthoff*, Lehrbuch.

— Der Jurist in der modernen Gesellschaft, NJW 1960 S. 1273—77; zit. *Forsthoff*, Gesellschaft.

— Die Probleme der Staatsordnung, in: Die Struktur der europäischen Wirklichkeit, hrsg. von Walter Felix Mueller, Stuttgart 1960 S. 59—65; zit. *Forsthoff*, Staatsordnung.

— Die Bundesrepublik Deutschland. Umrisse einer Realanalyse, Me 1960 S. 807—21; zit. *Forsthoff*, Bundesrepublik.

— Verfassungsprobleme des Sozialstaates. Vortrag, gehalten vor der Freiherr-vom-Stein-Gesellschaft in Essen am 10. November 1953, Münster 1954; zit. *Forsthoff*, Verfassungsprobleme.

Frank, Jerome, Law and the Modern Mind, New York 1933.

Freyer, Hans, Die Wissenschaften des 20. Jahrhunderts und die Idee des Humanismus, Me 1961 S. 101—117.

— Gesellschaft und Kultur, in: Propyläen-Weltgeschichte, Zehnter Band, Berlin—Frankfurt—Wien 1961 S. 501—91; zit. *Freyer*, Gesellschaft.

— Das industrielle Zeitalter und die Kulturkritik, in: Wo stehen wir heute? hrsg. von H. Walter Bähr, Gütersloh 1960 S. 197—206; zit. *Freyer*, Zeitalter.

— Die Probleme der Gesellschaftsordnung, in: Die Struktur der europäischen Wirklichkeit, hrsg. von Walter Felix Mueller, Stuttgart 1960 S. 81—101; zit. *Freyer*, Probleme.

Frisch, Ragnar, Statikk og Dynamikk i den Økonomiske Teori, Nationaløkonomisk Tidsskrift 67 (1929).

Funke, G., Grundlagenforschung, Weltanschauung, Gesetzgebung, StG 1963 S. 16—35.

Gehlen, Arnold, Urmensch und Spätkultur. Philosophische Ergebnisse und Aussagen, Bonn 1956.

Geiger, Theodor, Vorstudien zu einer Soziologie des Rechts, Aarhus, 1947.

Germann, Oskar Adolf, Methodische Grundfragen, Basel 1946.

Glungler, Wilhelm, Prolegomena zur Rechtspolitik, Bd. 1, München und Leipzig 1931.

Gurvitch, Georges, Grundzüge der Soziologie des Rechts, Neuwied 1960.

Härlen, Hasso, Über die Begründung eines Systems, zum Beispiel des Rechts, ARSP XXXIX (1950/51) S. 477—81.

Haesaert, Jean, Théorie générale du droit, Bruxelles 1948.

Harrod, Roy F., Dynamische Wirtschaft, Wien und Stuttgart 1949.

Hartmann, Nicolai, Teleologisches Denken, Berlin 1951; zit. *Hartmann*.

— Das Wertproblem in der Philosophie der Gegenwart, Actes du 8me Congrès international de Philosophie 1934, Paris 1936; zit. *Hartmann*, Wertproblem.

— Ethik, 2. Aufl., Berlin 1935; zit. *Hartmann*, Ethik.

Heck, Philipp, Begriffsbildung und Interessenjurisprudenz, Tübingen 1932.

— Das Problem der Rechtsgewinnung, 2. Aufl., Tübingen 1932.

Heidegger, Martin, Was ist Metaphysik? 7. Aufl., Frankfurt a. M. 1955.

Heim, K., Die Unterscheidung zwischen Erscheinungen und Funktionen als Grundlage für die Einteilung der Wissenschaften, Kant-Studien 14 (1909) S. 484—90.

Heller, Hermann, Staatslehre, Leiden, 1934.

Heller, Theodor, Logik und Axiologie der analogen Rechtsanwendung, Berlin 1961.

Hempel, Carl G., The Logic of Functional Analysis, in: Llewellyn Gross (ed.), Symposium on Sociological Theory, Evanston, III. 1959 S. 271—307.

Henkel, Heinrich, Einführung in die Rechtsphilosophie. Grundlagen des Rechts, München und Berlin 1964.

Hofacker, W., Der logische Aufbau des Deutschen Rechts, Stuttgart 1924.

Horváth, Barna, Recht und Wirtschaft, ÖZÖR 1951 S. 331—57.

Huber, Ernst Rudolf, Wirtschaftsverwaltungsrecht, Zweiter Band, 2. Aufl., Tübingen 1954.

Hubmann, Heinrich, Geistiges Eigentum, in: Bettermann-Nipperdey- Scheuner, Die Grundrechte, Vierter Band, 1. Halbband, Berlin 1960 S. 1—36.

Husserl, Gerhart, Recht und Zeit, Frankfurt a. M. 1955.

Ihering, Rudolf von, Der Zweck im Recht, Band 1, 2. Aufl., Leipzig 1883.

Jahr, Günther, Funktionsanalyse von Rechtsfiguren als Grundlage einer Begegnung von Rechtswissenschaft und Wirtschaftswissenschaft, SVS Bd. 33 (1964) S. 14—26.

Jaspers, Karl, Wo stehen wir heute? Us 1960 S. 473—86.

Jenkins, Iredell, The Matrix of Positive Law, in: Natural Law Forum, hrsg. von Andrew T. Smithberger, Notre Dame 1961 S. 1—50.

Jöhr, Walter Adolf, Schätzungsurteil und Werturteil, in: Systeme und Methoden in den Wirtschafts- und Sozialwissenschaften, hrsg. von N. Kloten, W. Krelle, H. Müller, F. Neumark, Tübingen 1964 S. 155—168.

— Die Konjunkturschwankungen, Tübingen, 1952.

Juhos, Béla, Aufgaben der Wiener erkenntnislogischen Grundlagenforschung, ÖHZ 1965 S. 45/46.

Kade, Gerhard, Die logischen Grundlagen der mathematischen Wirtschaftstheorie als Methodenproblem der theoretischen Ökonomik, Berlin 1958.

Kägi, Werner, Die Verfassung als rechtliche Grundordnung des Staates, Zürich 1945.

Kaiser, Joseph, Die Repräsentation organisierter Interessen, Berlin 1956.

Kallen, Horace M., Functionalism, in: Encyclopaedia of the Social Sciences; Edwin R. A. Seligman, Alvin Johnson (ed.), Volume Five, New York MCMLIII S. 523—26.

Kelsen, Hans, Platon und die Naturrechtslehre, in: Aufsätze zur Ideologiekritik, hrsg. von Ernst Topitsch, Neuwied am Rhein und Berlin 1964 S. 232—292; zit. *Kelsen*, Ideologiekritik.

— Reine Rechtslehre, Zweite, vollständig neubearbeitete und erweiterte Auflage, Wien 1960; zit. *Kelsen*.

— Kausalität und Zurechnung, ARSP XLVI (1960) S. 321—33; zit. *Kelsen*, Kausalität.

— General Theory of Law and State, Translated by Anders Wedberg, Cambridge (Mass.) 1945.

— Die Lehre von den drei Gewalten oder Funktionen des Staates, ARWP 17 (1923/24) S. 374—408; zit. *Kelsen*, Funktionen.

Klein, Friedrich, Verfassungsrechtliche Grenzen der Gemeinschaftsaufgaben, in: Gemeinschaftsaufgaben zwischen Bund, Ländern und Gemeinden, Schriftenreihe der Hochschule Speyer, Band 11, Berlin 1964 S. 125—174; zit. *Klein*, Grenzen.

— Neues Deutsches Verfassungsrecht, Frankfurt a. M. 1949; zit. *Klein*, Verfassungsrecht.

Klimowsky, Ernst, Die englische Gewaltenteilungslehre bis zu Montesquieu, Beiheft Nr. 22 für die Mitglieder der Internationalen Vereinigung für Rechts- und Wirtschaftsphilosophie, Berlin 1927.

Kloten, Norbert, Der Methodenpluralismus und das Verstehen, in: Systeme und Methoden in den Wirtschafts- und Sozialwissenschaften, hrsg. von N. Kloten, W. Krelle, H. Müller, F. Neumark, Tübingen 1964 S. 207—236.

Klug, Ulrich, Juristische Logik, Berlin—Göttingen—Heidelberg 1951.

König, René, Artikel: Recht, in: Soziologie, hrsg. von René König, Frankfurt a. M. und Hamburg 1958 S. 232—39; zit. *König*, Recht.

— Artikel: Soziale Kontrolle, in: Soziologie, hrsg. von René König, Frankfurt a. M. und Hamburg 1958 S. 253—57; zit. *König*, Kontrolle.

Kopp, Hans W., Inhalt und Form der Gesetze als ein Problem der Rechtstheorie, mit vergleichender Berücksichtigung der Schweiz, Deutschlands, Frankreichs, Großbritanniens und der USA, 2 Bde., Zürich 1958.

Kraft, Julius, Das Rätsel der Geisteswissenschaft und seine Lösung, StG 1958 S. 131—38.

Kraft, Victor, Erkenntnislehre, Wien 1960; zit. *Kraft*, Erkenntnislehre.

— Die Grundlagen einer wissenschaftlichen Wertlehre, 2. neubearbeitete Auflage, Wien 1951; zit. *Kraft*, Grundlagen.

— Einführung in die Philosophie, Wien 1950; zit. *Kraft*, Einführung.

Kraus, Oskar, Die Werttheorien. Geschichte und Kritik, Brünn—Wien—Leipzig 1938.

Kronstein, Heinrich, Rechtsauslegung im wertgebundenen Recht, Karlsruhe 1957.

Krüger, Herbert, Rechtsstaatliche Gesetzgebungstechnik, DÖV 1956 S. 550—55.

Kruse, F. Vinding, Erkenntnis und Wertung, Berlin 1960.

Laubadère, André de, Droit administratif spécial, Paris 1958.

— Traité élémentaire de Droit administratif, Paris 1953.

Lauterpacht, H., The Function of Law in the international Community, Oxford 1933.

Lehmann, Gerhard, Substanz- und Funktionsbegriff in der Soziologie, Archiv für angewandte Soziologie, III. Jahrgang 1930/31, Berlin 1931 S. 223—41.

Leisner, Walter, Die Gesetzmäßigkeit der Verfassung, JZ 1964 S. 201—206.

Lersch, Philipp, Das Bild des Menschen in der Sicht der Gegenwart, Us 1958 S. 1—10; zit. *Lersch*, Menschenbild.

— Der Mensch in der Gegenwart, 2. Aufl., München—Basel 1955; zit. *Lersch*.

Levi, Alessandro, Teoria generale del diritto, Padova 1950.

Lion, Leverett S., A functional approach to Social-Economic Data, Journal of Political Economy 1920 S. 529—64.

Litt, Theodor, Die wissenschaftliche Hochschule in der Zeitwende, in: Beilage zur Wochenzeitung „Das Parlament" vom 3. Sept. 1958, B XXXV/58 S. 449—62.

Locke, John, Two Treatises of Civil Government, ed. by W. S. Carpenter, London—New York o. J.

Löhlein, Roland, Das kausale Rechtsdenken als rechtswissenschaftliche Methode, JR 1950 S. 132—37.

Loening, Hellmuth, Rechtsgutachten über die Frage, ob das jetzige Land Thüringen Rechtsnachfolger des früheren Landes Thüringen und des Reiches ist, DRZ 1946 S. 130—33.

Löwenstein, Alfred, Der Rechtsbegriff als Relationsbegriff, München 1915.

Machlup, Fritz, Der Wettstreit zwischen Mikro- und Makrotheorien in der Nationalökonomie, Tübingen 1960; zit. *Machlup*, Wettstreit.

— Statics and Dynamics: Kaleidoscopic Words, SEJ Vol. XXVI (1959) S. 91—110; zit. *Machlup*, Statics.

Mahnke, Dietrich, Die Entstehung des Funktionsbegriffs, Kant-Studien 31 (1926) S. 426—28.

Maiwald, Serge, Das Recht als Funktion gesellschaftlicher Prozesse, ARSP XL (1952/53) S. 55—83.

Malinowski, Bronislaw, Kultur und Freiheit, Wien—Stuttgart 1951.

von Mangoldt, Hermann-*Klein*, Friedrich, Das Bonner Grundgesetz, Zweite neubearbeitete und vermehrte Auflage, Band I, Berlin und Frankfurt a. M. 1957.

Marck, Siegfried, Substanz- und Funktionsbegriff in der Rechtsphilosophie, Tübingen 1925.

Mestmäcker, Ernst-Joachim, Das Verhältnis der Wirtschaftswissenschaft zur Rechtswissenschaft im Aktienrecht, SVS Bd. 33 (1964) S. 103—119.

Mitteis, Heinrich, Lehnrecht und Staatsgewalt (Unveränderter photomechanischer Neudruck der 1. Aufl.), Darmstadt 1958.

Moncada, L. Cabral de, Das Wesen der Rechtswissenschaft, ARSP XXXIX (1950/51) S. 449—60.

Montesquieu, Charles de Secondat, Baron de la Brède et de, Vom Geist der Gesetze. — In neuer Übertragung eingeleitet und herausgegeben von Ernst Forsthoff, 2 Bde., Tübingen 1951.

Most, Otto, Erkenntnislehre und Logik, Vorlesungsskriptum (Maschinenschrift), Münster, 1960.

Müllereisert, Franz Arthur, Rechtsphilosophie, Berlin 1934.

Nawiasky, Hans, Allgemeine Rechtslehre als System der rechtlichen Grundbegriffe, 2. Aufl., Einsiedeln—Zürich—Köln 1948.

Olivecrona, Karl, Realism and Idealism: Some Reflections on the Cardinal Point in Legal Philosophy, Repr. from. New York University Law Review XXVI/1/January 1951; zit. *Olivecrona*, Realism.

Olivecrona, Karl, Is a Sociological Explanation of Law Possible? Th Bd. 15 (1948) S. 182 ff.; zit. *Olivecrona*, Law.

— Der Imperativ des Gesetzes, Kopenhagen 1942; zit. *Olivecrona*, Imperativ.

— Gesetz und Staat, Kopenhagen 1940; zit. *Olivecrona*, Gesetz.

Parsons, Talcott, Die Stellung der Soziologie innerhalb der Sozialwissenschaften, in: Die Einheit der Sozialwissenschaften, hrsg. von Wilhelm Bernsdorf und Gottfried Eisermann, Stuttgart 1955 S. 64—83.

Paulsen, Andreas, Die wirtschaftlichen Grundbegriffe und der Zeitfaktor, JNS 161 (1949) S. 371—410.

Pekrun, Richard, Das Deutsche Wort, 3. Aufl., Heidelberg 1955.

Pound, Roscoe, Social Control through Law, New Haven/Conn. 1942.

Praag, M. M. van, Die Rechtsfunktionen, Haag 1932.

Radcliffe-Brown, A., On the Concept of function in social life, Amer. anthrop. 1935 S. 394—402.

Raiser, Ludwig, Bericht über die mündlichen Verhandlungen zum Thema: Das Verhältnis der Wirtschaftswissenschaft zur Rechtswissenschaft, SVS Bd. 33 (1964) S. 189—235.

Reinhardt, Rudolf, Wo liegen für den Gesetzgeber die Grenzen, gemäß Art. 14 des Bonner Grundgesetzes über Inhalt und Schranken des Eigentums zu bestimmen? in: Reinhardt, Rudolf — Scheuner, Ulrich, Verfassungsschutz des Eigentums, Tübingen 1954 S. 1—62.

Rickert, Heinrich, System der Philosophie, Bd. 1, Tübingen 1921.

Ritter, Joachim, „Naturrecht" bei Aristoteles. Zum Problem einer Erneuerung des Naturrechts, in: res publica, Beiträge zum Öffentlichen Recht, hrsg. von Ernst Forsthoff, Bd. 6, Stuttgart 1961; zit. *Ritter*, Naturrecht.

— Zur Grundlegung der praktischen Philosophie bei Aristoteles, ARSP XLVI (1960) S. 179—199; zit. *Ritter*, Grundlegung.

— Hegel und die französische Revolution, Heft 63 der Arbeitsgemeinschaft für Forschung des Landes Nordrhein-Westfalen, Köln und Opladen 1957; zit. *Ritter*, Hegel.

Rittershausen, Heinrich, Artikel: Methode, in: Wirtschaft, hrsg. von H. Rittershausen, Frankfurt a. M. und Hamburg 1958 S. 177—189.

— Artikel: Theorie, in: Wirtschaft, hrsg. von H. Rittershausen, Frankfurt a. M. und Hamburg 1958 S. 225—243.

Ritzel, Wolfgang, Jean-Jaques Rousseau, Stuttgart 1959.

Röpke, Wilhelm, Die Lehre von der Wirtschaft, 8. Aufl., Erlenbach—Zürich und Stuttgart 1958.

Rombach, Heinrich, Substanz, System, Struktur. Die Ontologie des Funktionalismus und der philosophische Hintergrund der modernen Wissenschaft, Freiburg i. Br. und München 1965.

Rothacker, Erich, Die Geisteswissenschaften bilden kein „System", StG 1958 S. 141—146.

— Die dogmatische Denkform in den Geisteswissenschaften und das Problem des Historismus, Abhandlungen der Akademie der Wissenschaften und der Literatur, Geistes- und Sozialwissenschaftliche Klasse, Jhrg. 1954 Nr. 6, Wiesbaden 1954.

Roubier, Paul, Théorie générale du droit, histoires des doctrines juridiques et philosophie des valeurs sociales, Paris 1946.

Sauer, Wilhelm, System der Rechts- und Sozialphilosophie, 2. Aufl., Basel 1949.

Scheler, Max, Der Formalismus in der Ethik und die materiale Wertethik. Neuer Versuch der Grundlegung eines ethischen Personalismus, Halle a. d. Saale 1916.

Schelsky, Helmut, Anpassung oder Widerstand? Heidelberg 1961; zit. *Schelsky*, Anpassung.

— Ortsbestimmung der deutschen Soziologie, Düsseldorf—Köln 1959; zit. *Schelsky*, Ortsbestimmung.

Scheuner, Ulrich, Die Funktionsnachfolge und das Problem der staatsrechtlichen Kontinuität, in: Vom Bonner Grundgesetz zur gesamtdeutschen Verfassung, Festschrift für Hans Nawiasky, München 1956 S. 9—48; zit. *Scheuner*, Funktionsnachfolge.

— Grundlagen und Art der Enteignungsentschädigung, in: Reinhardt, Rudolf — Scheuner, Ulrich, Verfassungsschutz des Eigentums, Tübingen 1954 S. 63—162; zit. *Scheuner*, Grundlagen.

— Der Bereich der Regierung, in: Rechtsprobleme in Staat und Kirche, Festschrift für Rudolf Smend, Göttingen 1952, S. 253—301; zit. *Scheuner*, Regierung.

— Die staatliche Intervention im Bereich der Wirtschaft, VVDStL Heft 11 (1952) S. 1—74; zit. *Scheuner*, Intervention.

Schmelzeisen, Gustav Klemens, Die Überwindung der Starrheit im neuzeitlichen Rechtsdenken, Berlin 1933; zit. *Schmelzeisen*, Rechtsdenken.

— Vom deutschen Recht und seiner Wirklichkeit, Düsseldorf 1933; zit. *Schmelzeisen*, Recht.

— Die Relativität des Besitzbegriffs, AcP 16 (1932), S. 38—60, 129—68; zit. *Schmelzeisen*, Relativität.

Schmid, Carlo, Grenzen rechtlicher Regelung innerhalb der modernen Gesellschaft, Us 1959 S. 1233—40.

Schmitt, Carl, Die Auflösung des Enteignungsbegriffs, in: Verfassungsrechtliche Aufsätze, Berlin 1958 S. 110—118 (mit angefügten informatorischen Hinweisen S. 118—123); zit. *Schmitt*, Aufsätze.

Schneider, Erich, Statik und Dynamik, HDSW Bd. 10 (1959) S. 23—29.

Schnorr von Carolsfeld, Ludwig, Die Notwendigkeit neuer Begriffsbildung im bürgerlichen Recht, DJZ 1935 Sp. 1475 f.

Schönfeld, Walter, Die Geschichte der Rechtswissenschaft im Spiegel der Metaphysik, Stuttgart 1943.

Schultz, Werner, Die Wahrheit der Wissenschaft und die Wahrheit des christlichen Glaubens in protestantischer Sicht, StG 1961 S. 57—73.

Schumpeter, Joseph, Theorie der wirtschaftlichen Entwicklung, Leipzig, 1912.

Schweizer Lexikon, Artikel: Funktion, Dritter Band, Zürich 1946 S. 727—29.

Schwinge, Erich, Teleologische Begriffsbildung im Strafrecht, Bonn 1930.

Scupin, Hans Ulrich, Über den Wandel der Wesensbestimmung der Demokratie in Deutschland während des letzten Jahrhunderts, in: Recht im Dienste der Menschenwürde, Festschrift für Herbert Kraus, Würzburg 1964 S. 313—30.

Seagle, William, Weltgeschichte des Rechts. Eine Einführung in die Probleme und Erscheinungsformen des Rechts. Aus dem Amerikanischen übertragen von Herbert Thiele-Fredersdorf, München und Berlin, 2. Aufl 1958.

Sherwood, Foster H., The Role of Public Law in Political Science, in: Approaches to the Study of Politics, Roland Young (Ed.) Evanston, Illinois 1958.

Siebert, Wolfgang, Die Methode der Gesetzesauslegung, Heidelberg 1958.

Sigwart, Christoph, Der Begriff des Wollens und sein Verhältnis zum Begriff der Ursache, Kleine Schriften, II. Bd., Freiburg 1889 S. 115—211.

Somló, Felix, Juristische Grundlehre, Leipzig 1917.

Spengler, Oswald, Der Untergang des Abendlandes, Bd. II, München 1924.

Stammler, Rudolf, Theorie der Rechtswissenschaft, 2. Aufl., Halle a. d. S. 1923.

Stone, Julius, The Province and Function of Law, Cambridge/Mass. 1950.

Swoboda, Ernst, Die Neugestaltung des bürgerlichen Rechts, Brünn 1935.

Tammelo, Ilmar, Contemporary Developments of the Imperative Theory of Law: A Survey and Appraisal, ARSP 1963 S. 255—77.

Thul, Ewald J., Die Denkform der Rechtsdogmatik, ARSP XLVI (1960) S. 241—60.

Timasheff, N. S., Wie steht es heute mit der Rechtssoziologie? KZS 1956 S. 415—23.

Topitsch, Ernst, Das Problem des Naturrechts, in: Naturrecht oder Rechtspositivismus? hrsg. von Werner Maihofer, Darmstadt 1962 S. 159—177; zit. *Topitsch*, Naturrechtsproblem.

— Begriff und Funktion der Ideologie, in: Sozialphilosophie zwischen Ideologie und Wissenschaft, Neuwied 1961 S. 15—52; zit. *Topitsch*, Ideologie.

— Restauration des Naturrechts? Sachgehalte und Normsetzungen in der Rechtstheorie, in: Sozialphilosophie zwischen Ideologie und Wissenschaft, Neuwied 1961 S. 53—70; zit. *Topitsch*, Rechtstheorie.

— Konventionalismus und Wertproblem in den Sozialwissenschaften, in: Sozialphilosophie zwischen Ideologie und Wissenschaft, Neuwied 1961 S. 107—124; zit. *Topitsch*, Wertproblem.

— Sozialtheorie und Gesellschaftsgestaltung, in: Sozialphilosophie zwischen Ideologie und Wissenschaft, Neuwied 1961 S. 125—153; zit. *Topitsch*, Sozialtheorie.

— Vom Wert wissenschaftlichen Erkennens, in: Sozialphilosophie zwischen Ideologie und Wissenschaft, Neuwied 1961 S. 271—287; zit. *Topitsch*, Erkennen.

— Über Leerformeln. Zur Pragmatik des Sprachgebrauchs in Philosophie und politischer Theorie, in: Probleme der Wissenschaftstheorie. Festschrift für Victor Kraft, hrsg. von Ernst Topitsch, Wien 1960 S. 233—64; zit. *Topitsch*, Leerformeln.

— Sachgehalte und Normsetzungen, ARSP XLIV (1958) S. 189—205; zit. *Topitsch*, Sachgehalte.

Toynbee, Arnold J., Die Erforschung des Weltgeschehens und die geistigen Entscheidungen unserer Gegenwart, Us 1960 S. 1145—54.

Tritsch, Walther, Wirtschaftsdynamik unserer Zeit, Stuttgart, 1959.

Van den Berghe, Pierre L., Dialectic and Functionalism: Toward a Theoretical Synthesis, ASR 1963 S. 695—705.

Vanicelli, Luigi, Funzionalismo, in: Enciclopedia Cattolica V, Città del Vaticano 1950 pp. 1808—11.

Viehweg, Theodor, Zur Geisteswissenschaftlichkeit der Rechtsdisziplin, StG 1958 S. 334—40.

Weber, Max, Wirtschaft und Gesellschaft, in: Grundriß der Sozialökonomik, III. Abtlg. Tübingen 1922.

Weber, Werner, Die Verfassung in der Bewährung, Göttingen—Berlin— Frankfurt 1957.

— Eigentum und Enteignung, in: Die Grundrechte, Bd. 2, hrsg. von Neumann, Nipperdey, Scheuner, Berlin 1954.

— Spannungen und Kräfte im westdeutschen Verfassungssystem, Stuttgart 1951.

Welzel, Hans, Naturalismus und Wertphilosophie im Strafrecht. Untersuchungen über die ideologischen Grundlagen der Strafrechtswissenschaft, Mannheim 1935.

Westermann, Harry, Wesen und Grenzen der richterlichen Streitentscheidung im Zivilrecht, Schriften der Gesellschaft zur Förderung der Westfälischen Wilhelms-Universität, Heft 32, Münster 1955.

Wolff, Hans J., Verwaltungsrecht I, 5. neubearbeitete Aufl., München und Berlin 1963; zit. *Wolff* I.

— Typen im Recht und in der Rechtswissenschaft, StG 1952 S. 195—205; zit. *Wolff*, Typen.

Wolff, Karl, Die Gesetzessprache, Wien 1952.

MIX
Papier aus verantwortungsvollen Quellen
Paper from responsible sources
FSC® C105338

Printed by Libri Plureos GmbH
in Hamburg, Germany